中国当代美学家文论家评传

王岳川　主编

飚風天際來
綠壓群峰暝
雲罅漏夕暉
光寫一川冷
悠悠白鷺飛
淡淡孤霞迥
繫纜月華生
萬象浴清影

柏溪夏晚歸棹 作于日寇投降之前年 柏溪為嘉陵江上一村 老友惲君索寫舊作 謂書法足以代表一个人的特点 乃敢不顾書法陋劣以供一粲 宗白華

中国当代美学家文论家评传

王岳川　主编

宗白华评传

云慧霞◎著

黄山书社

图书在版编目(CIP)数据

宗白华评传 / 云慧霞著. —合肥:黄山书社,
2016.8
(中国当代美学家文论家评传)
ISBN 978-7-5461-5396-4

Ⅰ.①宗… Ⅱ.①云… Ⅲ.①宗白华(1897—1986)
-评传 Ⅳ.①K825.6

中国版本图书馆 CIP 数据核字(2016)第 007920 号

宗 白 华 评 传
ZONGBAIHUAPINGZHUAN
云慧霞 著

策　　划　汤吟菲　朱莉莉
责任编辑　张向奎
装帧设计　未　氓
出版发行　时代出版传媒股份有限公司(http://www.press-mart.com)
　　　　　黄山书社(http://www.hspress.cn)
地址邮编　安徽省合肥市蜀山区翡翠路 1118 号出版传媒广场 7 层 230071
印　　刷　安徽国文彩印有限公司
版　　次　2016 年 8 月第 1 版
印　　次　2016 年 8 月第 1 次印刷
开　　本　700mm × 1000mm　1/16
字　　数　150 千
印　　张　11.5
书　　号　ISBN 978-7-5461-5396-4
定　　价　38.00 元

服务热线　0551-63533706
销售热线　0551-63533761
官方直营书店(http://hsssbook.taobao.com)

总　序

近百年来,中国美学文论学在西方现代性与后现代性的不断扩张中,艰难地生产着自己的文化和美学新思维,在欧风美雨中不断吐纳吸收的同时变更着自己的美学文艺学立场。然而,当美学和文论边界不断扩大化的时候,中国美学文论身份却出现了辨识上的危机。中国美学家文论家的集团没有形成,甚至可以说在长达一个世纪之内,学者们在一个一个地细读、消化、评论西方美学家文论家,却没有看到中国美学文论界整体性地对中国百年来的美学家文论家加以整体研究的著作。

尤为严重的是,中国美学界文论界在对整个西方美学界文论界加以研究的时候,已经从宏观研究进入到微观研究层面,对西方古典美学家文论家、西方近现代美学家文论家、西方后现代美学家文论家的研究著作已多不胜数,而整个西方对中国美学家文论家的了解和研究却几乎是空白。这种文化美学上的不对等性,导致中西美学界文论界产生了巨额的“文化赤字”。这种“文化赤字”可能引发的“文化战争”危险,迄今仍然没有引起学术界的高度重视。

一、中国美学家文论家需在国际话语中重建身份

作为大国崛起的中国,其当代美学文论的前沿话语是同整个世界前沿话语相连的。中国面对世界,世界不可能背对中国。东方大国的美学文艺学在失去自我身份后亟需重新反省并获得自我身份:在经历了一个世纪的西化浪潮之后重新检讨中国美学的精神价值取向,从全盘西化的美学文论研究的盲视中走出来,重新以“走近经典”的文化高度和精神厚度,审视中西文化深层对话时代中的中国美学文论身份;从西方美学文论的中国化到中国美学文论经验的世界化的转型中,关注文化创新与文学理论创新的同步性,进而守正创新——“走近经典”并“创新经典”。

不同的价值立场使得在全球范围内出现了文化宗教层面的反全球化的多元文化主义潮流。多元文化伴随着人类历史而发展:中国文化传统、希腊

文化传统、希伯来文化传统、阿拉伯伊斯兰文化传统、非洲文化传统等多种文化不断消长，此起彼伏地影响着人类社会的进程。整体性现代社会正在发生大分裂，世界正在走向新的多元化、多样化。

当代西方文论的全球扩张，深层原因是西方现代性与后现代性的全球播撒。现代性使当代西方艺术具有了文化霸权的话语平台。现代性与科技发明和殖民主义相关，短短200年就使得西方成为世界霸主。但反过来，现代性也让西方和世界深受其害。因为在现代性发展和大国崛起的几百年历史中，世界告别了“王道”而成就了“霸道”，最终导致两次世界大战并走近第三次世界大战的边缘。于是审美现代性、后现代性开始放弃价值升华的追求，现代艺术家开始感受世界堕落般的“恶心”。艺术家堕入了虚无主义、悲观主义和文化失败主义的泥潭，对人类后殖民未来充满了悲观意绪。

西方乘着全球化的翅膀开始了文化霸权的飞翔。霸权是一种在文化领域中争夺“领导权”或“控制权”的话语，将历史上属于某个阶级的意识形态扩张化，使之成为人类对西方话语权力的普遍认同。于是，话语权力不是作为强权而是作为权威而得到行施，人们的精神文化生活在不知不觉中被政治化。人类在价值崩溃中彻底地世俗化，人类精神生态失衡已经习焉不察地成为意识形态符码。

当然，在一个相互交织并消解冷战思维模式的共存时代，如果没有西方“他者”的“镜像”，我们就无法清晰地审视中国文化的“自我”。通过文化镜像深度的自我审视，将有助于把东西方文化的对抗转化为不同文化体制的创造性互动，从而使本土性真正与全球性获得整合，使中国文论创新在不断明晰丰富和深度拓展中，推进“中国形象”的立场定位。

二、从西方文论中国化到中国文论经验的世界化

全球化格局下的文学理论以建构多元多样性诗学为己任，这种多元文化观将使“汉语学界”突破西方文论的单一知识框架，重新审视东方文学传统中的文化理念和文学观念，关注中国文学在新的世界格局中的现代性诗学特征，并通过对差异性文化精神的体认，获得更为宽松多元的文化差异性结论。

事实上，在文化美学领域中国际惯例不是西方惯例，游戏规则不应该由西方单边建立；国际惯例是世界共同创造的，游戏规则是东西方共同建立的。中国美学文论应该参与到建立游戏规则的过程中去，而不能“他者”建立了规则，东方大国仅仅去遵守。只有这样，当代理论家才能不在传统和现代之间徘徊犹豫，才能不用再按照西方模式亦步亦趋，而是摆脱了模仿西方的兴趣，打破西方艺术的惯例，开始以自己的方式在精神生态中寻找中国式的文论光辉和美学神采。

当代中国美学文论流派原创、范畴创新、体系“守正创新”应该提到议事日程上来了。在中国现代性经验没有进入国际大循环，没有成为人类经验的一部分，没有引起世界充分关注的时候，中国文论“守正创新”势在必行。

三、在“守正创新”中整体展示中国美学文论大家

在全球化后现代语境中，新世纪中国文论应在当代文论流派众多的话语角逐中，超越西化跟潮的流派横向移植，超越“五四情结”的现代性诉求，

在全球化文化互动中从事中国美学播撒和新理论输出，形成中西双向的“理论旅行”。一种对等互动的“旅行”，使本土文化艺术和理论反思能够真实地发生和生成在这片厚土之中，完成从一个世纪的拿来主义之后的“文化输出”。在美学文论创作方式、本体结构、接受方式、传播机制、价值功能等方面都产生转变的时代，真正的美学文论前沿践行者，当通过自己的笔歌墨唱，为21世纪中国美学文论的自我创新和输出提供坚实的文化观念和价值重建地基。

走近经典为了继承，创意经典为了图新，美学图新为了精神原创，这表达了我对中国美学文论界整体高于并超越前人的美学观念、美学形态、文论方法、文论传播的某种文化期待。“守正创新”是生命精神喷发状态，而“原创力”是文化软实力，可以表征美学文论新的大国形象。

当代美学家文论家努力的方向是文论原创性，只有真正走近经典的美学家文论家才有可能成为时代美学文论大家，也只有不断创出新经典的原创型美学家文论家才有可能成为时代美学文论大家。可以说，在当代西方美学文论研究了30年以后，应推出一大批不断创新的中国美学文论精英。只有中国美学文论大家的国际影响力提升了，才可能从发现东方文化的精髓到推出一个新的理念——中国文论的文化输出！美学文论国际互动是新世纪中国文论的文化战略，这意味着，新世纪美学文论不仅是中国的，也应该“走出去”而成为世界的！表明从本土主义文化出发应该提出世界主义的美学文论观。

最后需要说明的是，在高水平开创性学术丛书出版困难的时期，黄山书社决定推出这套《中国当代美学家文论家评传》，令人感佩。首批推出朱光潜、宗白华、杨晦、季羡林、王元化、蒋孔阳、李泽厚、钱中文、胡经之、童庆炳等十位中国当代美学家文论家的评传。评传在“评”的方面突出对所评专家学术成果的评介,在“传”的方面则尽可能地钩沉出所评专家一些鲜为人知的人生趣事,使其呈现出浓郁的生活气息。通过丛书的出版,力求打破多年来在中西方文化交流中,中国对国外思想家了解较多,而国外对中国当代思想家却知之甚少的局面,为中国当代“文化输出”做一些推动性工作。

这套丛书的出版,不仅可以使相关领域的研究者能对这些经历了20世纪欧风美雨的中国美学家文论家的精神世界有更深入的了解,也能让更多的读者领略和认识这些跨世纪美学大家的审美风采,从而推动新世纪中国当代美学文艺学研究的国际化。

是为序。

王岳川

2015年1月8日于北京大学

目 录

自　序

宗白华是中国20世纪重要的美学家之一。他的学术思想虽然在其生前也得到一部分学者的关注，但是相对于同时期在美学史上做出卓越贡献的美学家朱光潜而言，学界对他的关注和研究还远远不够。无论是考察20世纪中国美学思想的发展历程，还是考察中国学术的现代转型，宗白华都是绕不过去的重要个案。

1981年宗白华的自编选集《美学散步》由上海人民出版社出版，李泽厚为之作序。他指出宗白华美学研究的思维方式是"某种带着情感感受的直观把握"，但是却"相当准确地把握住了那属于艺术本质的东西，特别是有关中国艺术的特征"，其行文风格也是"或详或略，或长或短，都是那种富有哲理情思的直观式的把握，并不作严格的逻辑分析或详尽的系统论证，而是单刀直入，扼要点出，诉诸人们的领悟，从而叫人去思考、去体会"。[1] 从宗白华早期发表的一些文章来看，他确实采用过半文言的方

①李泽厚：《〈美学散步〉序》，见《读书》1981年第3期。

式来写作，甚至包括留学回国后发表的《美学》《艺术学》，以及写于20世纪30年代的《形上学——中西哲学之比较》《孔子形上学》等文章中都采用点到即止、少有逻辑展开的感悟式思维方式。这也给后人研究他的思想留下了广阔的空间，沿着他“言止”的地方可以展开新的思考，发掘出更深的内容。

刘小枫写了《湖畔散步者的身影》来忆念他的老师宗白华，认为作为美学家的宗白华其基本的学术立场是“探寻使人的生活成为艺术品的创造”，追求“艺术式的人生”就要对“机械的人生”与“自利的人生”进行改造①。宗白华虽然沉潜于古代艺术和美学中，但是他的理论不是古代美学的延伸，他所感应的是现代审美意识和现代人的浪漫情怀，他所进行的美学研究是现代性美学。宗白华对晋人之美与中国音乐精神的留恋，对中国美学史的断代研究，以及对庄子表现出过分的偏爱，其实都是在追寻一种理想的人格美。他关心中国人的情感表现问题，更关心个体与社会如何获得和谐发展的问题。反观今天的学术界，为职称评审而学术研究、为申报项目而论文写

---

①刘小枫：《湖畔散步者的身影》，见《这一代人的怕和爱》，生活·读书·新知三联书店1996年版，第65—78页。

作的现象比比皆是，我们应该从宗白华的学术和人生中获得启示，去除学术功利化色彩，臻达一种学术人生化的境界。

宗白华是由传统美学走向现代的重要学者，他毕生致力于中国传统美学如何在现代社会发挥积极的意义，对西方审美主义的吸纳，也完全是站在民族自信和对民族文化传统的同情及理解基础上。他大量翻译了西方重要的哲学美学著作，对中国现代美学的建构在某种程度上起到引导作用。他的学术发展历程在一定程度上体现了中国现代美学学科发展的趋势，是中国现代美学发展的一个缩影。从他身上可以看到，20 世纪初期的中国知识分子何以在现代思潮的冲击下，在迷茫困顿之中找到了马克思主义，又何以在这之后以独特的美学眼光与散步者的哲学冥想去思考中国问题。宗白华学术研究的中国文化本位主义思想立场也是我们今天的学者在其学术研究中所应坚守的立场。

在今天，在中国现代学术仍然处在延伸、拓展和建构的时期，对宗白华的生平和思想做评述性描述，若能为今天的学术研究有所借鉴和参照，便已达到写作此书的本意。

是为序。

2015 年 7 月 4 日

第一章　艺术化人生与人生艺术化

宗白华于1897年12月15日(清光绪二十三年十一月二十二日)在安徽安庆的一个传统文士家庭中出生,为宋代名臣宗泽的第二十七代后裔,原名之櫆,字伯华。祖父是晚清的一名秀才,在当地开馆授书,人品、学品皆受人尊重;外祖父方守彝是桐城派散文家方苞的后代。对宗白华产生深远影响的是他的父亲宗嘉禄和母亲方淑兰。父亲早年虽热衷仕途,也曾于光绪丁酉年间榜上有名,但他却是一位信奉新思潮的水利专家和教育专家,治理淮河是其毕生的事业;母亲方淑兰是出生于桐城方家大族的名门闺秀,从小就浸染在"千古文章出桐城"的诗文余韵之中。成长于一个沐浴新潮又浸润古典的家庭,宗白华在新学与传统文化的双重熏陶下开始了自己的人生之旅。此外,姨妈方令孺是一位在诗歌和散文创作方面都颇有名气的现代作家,并且与宗白华保持着长久的密切往来。家庭环境的熏染,父母亲的言传身教,使宗白华从小就受到良好的文化教育,培养了他敏感的艺术气质和健康向上的人格精神,也深深地影响着他的人生选择。

宗白华幼年生活在安庆,那里是中国文学史上著名散文流派——“桐城派”的发源地。安庆是一座长江沿岸著名的港口城市,地处皖鄂赣三省的交界处,人杰地灵,物产丰富,有“万里长江此封喉,吴楚分疆第一州”之美称。这里不仅是中国传统戏剧——黄梅戏之乡,而且也是中国京剧的发源地。乾隆年间,安庆四大徽班晋京演出,深受京城皇族及百姓的喜爱。安庆也是禅宗圣地。东汉初年,佛教传入中国;至唐宋年间,禅宗成为中国佛教的主流。禅宗开山鼻祖二祖慧可受达摩心法只身南下司空山,开宗立派;三祖僧璨推动了禅宗思想体系的形成,至今安庆境内仍留有二祖禅堂、三祖寺和迎江寺等诸多佛教活动场所。

优越的地理位置,秀丽的自然风景,丰厚的人文底蕴,共同造就了安庆这座历史文化名城。在这里诞生了很多的文化名人,有中国新文化运动的先驱、中国共产党的主要创始人陈独秀,京剧鼻祖、创始人程长庚,中国“新鸳鸯派”文学代表、通俗小说家张恨水,“两弹元勋”“原子弹之父”邓稼先,黄梅戏代表人物严凤英,以及被誉为“中国现代美学史上两颗璀璨的明星”的朱光潜和宗白华等。

在朝飞流霞、暮笼紫雾的安庆小镇,宗白华度过了无忧无虑的童年。1905 年,父亲宗嘉禄到南京创办思益小学,当时宗白华只有 8 岁,他随父亲离开自己的出生地安庆，来到南京，就读于这所新式学校——南京思益小学。在这里，他度过了人生中最美好的少年时代。写于 1923 年的《我和诗》一文中他回忆了这段无忧无虑的时光。

我小时候虽然好玩耍，不念书，但对山水风景的酷爱是发乎自然的。天空的白云和覆成桥畔的垂柳，是我孩心最亲密的伴侣。我喜欢一个人坐在水边石上看天上白云的变幻，心里浮着幼稚的幻想。云的许多不同的形象动态，早晚风色中各式各样的风格，是我童心里独自玩耍的对象。都市里没有好风景，天上的流云，常时幻出海岛沙洲，峰峦湖沼。我有一天私自就云的各样境界，分别汉代的云、唐代的云、抒情的云、戏剧的云等等，很想做一个“云谱”。

风烟清寂的郊外，清凉山、扫叶楼、雨花台、莫愁湖是我同几个小伴每星期日步行游玩的目标。我记得当时的小文里有“拾石雨花，寻诗扫叶”的句子。

>> 青年时代于南京

> 湖山的情景在我的童心里有着莫大的势力。一种罗曼蒂克的遥远的情思引着我在森林里，落日的晚霞里，远寺的钟声里有所追寻，一种无名的隔世的相思，鼓荡着一股心神不安的情调；尤其是在夜里，独自睡在床上，顶爱听那远远的箫笛声，那时心中有一缕说不出的深切的凄凉的感觉，和说不出的幸福的感觉结合在一起；我仿佛和那窗外的月光雾光溶化为一，飘浮在树杪林间，随着箫声、笛声孤寂而远引——这时我的心最快乐。①

年轻的宗白华先后写下了《游东山寺》二首、《别东山寺》、《赠一青年僧人》四首记游诗。这是宗白华第一次写诗，用的是旧体七律的形式。少年时培养起来的这份浪漫情怀和诗性品格伴随了他的一生，也成就了作为诗人的宗白华。

一、早期的学术活动

1918 年宗白华加入了“少年中国学会”并参加了学会的筹备工作，学会的宗旨是“本科学的精神，为社会的活动，以创造少年中国”。他逐渐成为学会的活跃分子，在学会中进行了关于《歌德与〈浮士德〉》《略述康德唯心主义哲学大意》等演说。不久，宗白华当选为学会的核心机构——“少年中国评议部”的评议员，成为学会早期的主要领导人之一。除此之外，宗白华还负责学会的刊物——《少年中国》月刊的编辑工作，这是他编辑生涯的开始，同时也为他早期进行学术活动搭建了一个很好的平台。1919 年 8 月，宗白

---

①《我和诗》，《宗白华全集》第 2 卷，安徽教育出版社 1994 年版，第 149—150 页。

华又开始担任《时事新报·学灯》(以下简称《学灯》)的编辑。《学灯》的办刊宗旨是"借着这学术的灯,做我们积极的、基础的、稳固的、建设的新文化运动"[①],以科学的、实验的方法研究学理,探寻建设新社会的途径。正是基于这样的办刊宗旨,由宗白华编辑的《学灯》发表了大量具有进步思想的学者的作品。这一时期,也是宗白华学术生命的第一个高峰期,共撰写了三十多篇文章、几十条编辑按语和大量的书信。

宗白华在这一时期发表的文章大致可分为两类。一类探索科学哲学和美学、艺术学等理论问题,提倡要富有科学精神,运用科学的思想方法去观察事物、分析事物。这方面的文章有《说人生观》(1919)、《哲学杂述》(1919)、《说唯物派解释精神现象之谬误》(1919)、《说思想改造》(1919)、《欧洲哲学的派别》(1919)、《科学的唯物宇宙观》(1919)等。另一类呼吁当时的青年自觉地进行人生的自我改造,投入新文化新社会的建设事业当中。这方面的文章有《我的创造少年中国的办法》(1919)、《叔本华之论妇女》(1919)、《理想中少年中国之妇女》(1919)、《中国青年的奋斗生活与创造生活》(1919)、《致少年中国学会同志书》(1920)等。宗白华希望通过教育和实业,创造出一个活泼乐生的"少年中国"来。为此,他提出了创建新社会的三个步骤:首先要"脱离了旧社会的范围,另向山林高旷的地方,组织一个真自由真平等的团体,人人合力工作,造成我们的经济独立与文化独立,完全脱去旧社会的恶势力圈";接着"从实业与教育发展我们团体的经济与文化,造成一个组织完美的新社会";最后"用这新社会做模范,来改造旧社会,使全国的社会渐渐革新,成了个安乐愉快平等自由的'少年中国'"。[②] 宗白华

①《〈学灯〉栏宣言》,《宗白华全集》第1卷,安徽教育出版社1994年版,第133页。
②《我的创造少年中国的办法》,《宗白华全集》第1卷,安徽教育出版社1994年版,第36页。

对于新文化建设的创造性构想，体现了他对于“少年中国”的创造有着无限的热情，同时，也表达了对历史地承担着中国新文化、新社会、新生活建设重任的时代青年的真诚期待。

1919年9月，在为《学灯》编辑“新文艺”栏时，宗白华从来稿中发现了来自日本福冈、署名“沫若”的《抱和儿浴博多湾中》《鹭鸶》《死的诱惑》《新月》等几首诗。诗中火山爆发式的激情深深感染了宗白华，他从郭沫若的诗中看到与自己一样的诗心诗境，看到了中国现代诗歌的前景，于是力推发表郭沫若的诗。在宗白华的鼓励下，郭沫若也一发而不可收地开始了诗歌创作。宗白华为了向更多的读者介绍郭沫若，于1920年1月，在《学灯》另辟“新诗”一栏，大量发表郭沫若的诗歌。《女神》中的大部分诗篇都是这个时候创作的，因此也成为“‘五四’时期响亮的号角和震撼人心的战鼓”（周扬语）。正是在宗白华的一再鼓励下，郭沫若的诗情迸发，最后汇集成《女神》。之后，宗白华又介绍田汉与郭沫若相互认识，并鼓励他们努力做“东方未来的诗人”，三人的通信结集为著名的《三叶集》。宗白华虽然当时还没有开始诗歌创作，但是郭沫若的诗歌深深触动了他敏感的神经：“你诗中的境界是我心中的境界。我每读了一首，就得了一回安慰。因我心中常常也有这种同等的意境……现在你的诗既可以代表我的诗意，就认作我的诗也无妨。”同时，他也直言不讳地指出郭沫若诗中需要改进的地方：“我很愿你一方面多与自然和哲理接近，养成完满高尚的‘诗人人格’，一方面多研究古昔天才诗中的自然音节，自然形式，以完满‘诗的构造’，则中国新文化中有了真诗人了。”[①]宗白华希望郭沫若能够在形式方面多下些功夫，使新诗的意境更好地得以表现；同时又能够多与自然和哲理接近，养成完满高尚的人格，注意

①田寿昌、宗白华、郭沫若：《三叶集》，《宗白华全集》第1卷，安徽教育出版社1994年版，第214页。

研究诗歌的自然音节。此外，关于婚姻问题、歌德的文学和人生、海涅和惠特曼等的诗歌也是他们讨论的内容。宗白华在与郭沫若、田汉探讨关于哲学、文化、美学、诗学等问题的同时，艺术化的人生观也在他的思想中逐渐清晰起来。

二、欧洲游学

1920 年 5 月，宗白华怀着要去欧洲做一番文化考察的热情踏上了留学之路，从此，他的学术研究打开了一个新的视角。在留学的五年期间里，宗白华极少写理论文章，一方面他兴致勃勃地参观欧洲的各种博物馆、艺术馆，在人类艺术文明的海洋中遨游，充分领略欧洲艺术的精华；另一方面，潜藏在内心中的诗情也迸发了出来，他创作了大量的“流云”小诗，成就了作为诗人的宗白华。宗白华这一时期的人生状态是一种艺术化的人生，他后来在给友人的信中这样描述自己的这段生活：

> 我这两年在德的生活，差不多是实际生活与学术并重，或者可以说是把二者熔于一炉了的。我听音乐，看歌剧，游图画院，流览山水的时间，占了三分之一，在街道里巷中散步，看社会上各种风俗人事及与德人交际，又占了三分之一，还馀三分之一的时间看书。叔本华言哲学者应当在宇宙底大书中研究，我无此才能，愿意且在这欧土文化的大书中流览一下，以为快意。①

---

①《致柯一岑书》，《宗白华全集》第 1 卷，安徽教育出版社 1994 年版，第 416 页。

宗白华首先抵达的是巴黎。在那里,他结识了正在巴黎国立高等美术学校学习的徐悲鸿,两人意气相投,又有着共同的对艺术的痴狂,所以一见如故。在接下来的几个星期里,宗白华在徐悲鸿的陪同下,游览了卢浮宫、罗丹纪念馆等艺术名胜,开启了他美学鉴赏的心智。尤其是罗丹的艺术深深吸引了他,仿佛是生命的迷途中遇到的一刹那的电光,破开云雾,照亮前途黑暗的道路。宗白华后来曾两次回忆起这段经历:"1920 年我到德国去求学,广大世界的接触和多方面人生的体验,使我的精神非常兴奋,从静默的沉思,转到生活的飞跃。三个星期中间,足迹踏遍巴黎的文化区域。罗丹的生动的人生造像是我这时最崇拜的诗。"①"罗丹的博物馆开幕不久,我去徘徊观摩了多次,深深地被他的艺术形象所感动,觉得这些新创的现实主义与浪漫主义相结合的形象是和古希腊的雕刻境界异曲同工。艺术贵乎创造,罗丹是在深切地研究希腊以后,创造了新的形象来表达他自己的时代精神。"②随后,宗白华写下了《看了罗丹雕刻以后》(1921)一文,对罗丹的雕刻作品做出细致的分析,同时也涉及自然美、艺术美以及两者之间的关系等美学上的诸问题。"自然无往而不美",而"艺术最后的目的,不外乎将这种瞬息变化,起灭无常的'自然美的印象',借着图画、雕刻的作用,扣留下来,使它普遍化、永久化……艺术的功用就是将他描摹下来,使人人可以普遍地、时时地享受。艺术的目的就在于此,而美的真泉仍在自然。"③"艺术家要模仿自然,并不是真去刻划那自然的表面形式,乃是直接去体会自然的精神,感觉那自然凭借物质以表现万相的过程,然后以自己的精神、理想情绪、感

---

①《我和诗》,《宗白华全集》第 2 卷,安徽教育出版社 1994 年版,第 153 页。
②《形与影——罗丹作品学习札记》,《宗白华全集》第 3 卷,安徽教育出版社 1994 年版,第 445 页。
③《看了罗丹雕刻以后》,《宗白华全集》第 1 卷,安徽教育出版社 1994 年版,第 310—311 页。

觉意志，贯注到物质里面制作万形，使物质而精神化。”①大自然始终是一切美的源泉、一切人间艺术的最终范本，而艺术的最终目的不外乎是将这瞬息变化的自然之美凝固为永恒。

>>1922 年留学法兰克福

1920 年 7 月，宗白华流连辗转来到此行的目的地——德国的法兰克福，并进入法兰克福大学学习哲学、心理学、生物学等。在这里他一边研读哲学并反思现代化进程中的诸多问题，一边继续领略欧洲的自然美景，接受艺术的熏陶。他游览了巍峨的中世纪城堡、斯塔德尔美术馆，瞻仰了歌德的故居，陶醉在艺术的神秘殿堂里。在法兰克福的绿堡森林中，他全身心地融于自然的伟大造化之中。在对欧洲文化作了一番考察之后，宗白华的思想发生了一个质的飞跃。他认识到：东方文化是“静观”，西方文化是“进取”，我们现在不得不

①《看了罗丹雕刻以后》，《宗白华全集》第 1 卷，安徽教育出版社 1994 年版，第 313 页。

借一些西洋的血脉和精神来使社会的病体复苏，所以这几十年的当务之急仍然是介绍西学。但是他也认识到：这是两种不同的文化，中国将来的文化绝不是把欧美文化搬来了就可成功的。他在给友人的信中表示自己要用在欧洲的这几年时间把物理、化学、生物、心理学以及哲学中的有代表性的思想，艺术中的诸大家的作品和理论，细细地研究一番，回国后再拿一二十年的时间研究东方的文化，然后再从中找到新文化建设的道路来。

1921 年，宗白华转入柏林大学学习。在这段时间里，他有机会聆听德国当代美学家德索、伯尔施曼等教授的教诲，并且深受其影响。德索教授的基本美学观是主张将美学探索与具体的艺术创作结合起来，通过对艺术创作和艺术现象的分析来探讨美学的基本问题。宗白华对美学的思考基本上沿袭了德索的观点："美学家完全了解创造之历程，须自身少有创造经验：欲完全了解创造之历程，必对于某艺术，兼能创造。""美学家欲研究艺术之创造，至少也须有几种艺术之经验技能及天资，此为主观方面所必不可少者，因全凭想象，恐与事实不能尽合也。"①研究美学不能从理论到理论，而须从艺术创作实践出发。美学研究者自身也须是艺术家，在亲身从事艺术创造的过程中真正体悟出美的真谛来。

宗白华一边思考着美学问题，一边常常被一种萌动的诗情所左右。一天夜晚，他从仰慕东方文化的伯尔施曼教授家中出来。万籁俱静的夜晚，月光照着皑皑白雪，分外明净。宗白华心如止水般地静静聆听心中的无名音调。之后，他常常被一种创作的欲望和冲动驱使，陆续写下了一系列的诗作，寄回国内发表在《学灯》上，后来结集为《流云》诗集出版。他以诗人的独特审美感受和对形式的求新精神，创造了许多个新鲜活泼的诗歌意象。其

①《美学》，《宗白华全集》第 1 卷，安徽教育出版社 1994 年版，第 452 页。

诗或轻盈如流云，或飘逸如逝水，或凝重苍茫，或清新空灵，以戛戛独造之境使诗成为诗人心路历程的表白。在宗白华的诗歌及其诗学理论中，处处流露出他早期的唯美主义倾向。选择了“小诗”这种诗体形式，也是因为其简约、凝练的形式最能反映出诗人自由、自然的诗性品格和对哲理情思的追求。宗白华曾谈到对包括诗歌在内的艺术创作的看法：

> 我们这种对于人类社会的同情，还可以扩充张大到普遍的自然中去。因为自然中也有生命，有精神，有情绪感觉意志，和我们的心理一样。你看一个歌咏自然的诗人，走到自然中间，看见了一枝花，觉得花能解语，遇着了一只鸟，觉得鸟亦知情，听见了泉声，以为是情调，会着了一丛小草，一片蝴蝶，觉得也能互相了解，悄悄地述说他们的情，他们的梦，他们的想望。无论山水云树，月色星光，都是我们有知觉、有感情的姊妹同胞。这时候，我们拿社会同情的眼光，运用到全宇宙里，觉得全宇宙就是一个大同情的社会组织，什么星呀，月呀，云呀，水呀，禽兽呀，草木呀，都是一个同情社会中间的眷属。这时候，不发生极高的美感么？这个大同情的自然，不就是一个纯洁的高尚的美术世界么？诗人、艺术家，在这个境界中，无有不发生艺术的冲动，或舞歌或绘画，或雕刻创造，皆由于对于自然，对于人生，起了极深厚的同情，深心中的冲动，想将这个宝爱的自然，宝爱的人生，由自己的能力再实现一遍。①

宗白华将自己的艺术见解渗透到自己的诗歌创作中。在这些诗中，表达出诗人对生命活力的赞美和对新世界的向往，形成了一种独特的诗意感

---

①《艺术生活》，《宗白华全集》第1卷，安徽教育出版社1994年版，第319页。

悟和哲理情思，并构成了他一生美学著作的基本音调。

宗白华一边创作新诗，一边思考新诗理论问题，先后撰写了《乐观的文学》(1922)、《恋爱诗的问题》(1923)、《〈蕙的风〉之赞扬者》(1923)等文章。他在给柯一岑的信中谈到现在社会最需要的是恋爱诗，因为当时的中国社会"悲观"和"憎怨"太多，"乐观"和"爱"太少了。

> 现在中国男女间的爱差不多也都是机械的物质的了。所以我们若要从民族底魂灵与人格上振作中国，不得不提倡纯洁的，真挚的，超物质的爱。我愿多有同心人起来多作乐观的，光明的，颂爱的诗歌，替我们的民族性里造一种深厚的情感底基础……文学底责任不只是做时代的表现者，尤重在做时代的"指导者"。我们青年作者底眼光，宜多致意于将来，不必自己樊笼于时代的烦闷中。①

在宗白华看来，没有深厚的情感和普遍的爱心的社会是"没有灵魂的""机械的""没有血肉"的。他从振作国家和民族的人格立场出发，提倡一种"纯洁的，真挚的，超物质的爱"，并创作出唤起这种爱的诗歌，以帮助中国青年走出烦闷的牢笼，将眼光致意于未来。因此，"纯洁真挚的恋爱诗"是他积极提倡的，并把这作为"引我们泥途中可怜的民族入于一种愉快舒畅的精神界"的重要途径。② 当湖畔诗人汪静之的爱情诗遭到攻击时，远在千里之外的宗白华写信给《学灯》，对汪静之的人品和诗品均作了肯定："我对这个青年诗人的人格，表充分的同情。他是一个很难得的，没有受过时代的烦闷，

---

①《乐观的文学》，《宗白华全集》第1卷，安徽教育出版社1994年版，第419页。
②《恋爱诗的问题》，《宗白华全集》第1卷，安徽教育出版社1994年版，第417页。

社会的老气的天真青年，我们现在的社会还不知道这类的青年是多么的可贵呢！”[①]他的诗所反映出来的纯洁、活泼乐生的少年气象是中国前途的光明。当时的中华民族到处笼罩着一股颓废之气，因而他主张在一个民族复兴和建设时期，多多创造乐观的、向上的新诗，引导国民养成积极向上的勇气和建设的能力。“向来一个民族将兴时代和建设时代的文学，大半是乐观的、向前的……所以我极私心祈祷中国有许多乐观雄丽的诗歌出来，引我们泥途中可怜的民族入于一种愉快舒畅的精神界”[②]。

宗白华认识到音乐在鼓舞志气方面的重要作用：“音乐直接地表现人生底内容，一切人生精神界、命运界（即对世界的种种关系）各种繁复问题，都在音乐中得了超然的解脱和具体的表现。”[③]他在德国两年印象最深的，不是学术，不是政治，也不是战后的经济状况，而是德国的音乐，德国的全部精神文化差不多都是音乐化了的。德国民族当时的处境可以说是世界上最困苦、最可悲的，但正是有了高昂的音乐，德国民族始终保持着乐观和自信。“这种盲目的乐观，就是德国将来复兴唯一的基础。”[④]宗白华由此反观自身，“中国现代社会上的音乐，听了都使人消极生悲感，能刺激人的神经而不能发扬人的灵魂，真所谓亡国之音哀以思，以这种音乐表现这种民族精神，中国现代的文化地位可想而知了”[⑤]。中国古代社会向来以乐为教，中国本来是一个音乐的国度，所以在现代社会里也应提倡高尚的音乐，以陶冶青年纯洁的灵魂，这是社会振兴的基础。

宗白华留学德国的另外一个重要收获就是，他开始反省自己早期对待

---

①《〈蕙的风〉之赞扬者》，《宗白华全集》第1卷，安徽教育出版社1994年版，第432页。
②《恋爱诗的问题》，《宗白华全集》第1卷，安徽教育出版社1994年版，第417页。
③《致柯一岑书》，《宗白华全集》第1卷，安徽教育出版社1994年版，第414页。
④《恋爱诗的问题》，《宗白华全集》第1卷，安徽教育出版社1994年版，第417页。
⑤《致柯一岑书》，《宗白华全集》第1卷，安徽教育出版社1994年版，第415页。

中国传统文化的态度和建设新文化的办法。他认为:“中国旧文化中实有伟大优美的,万不可消灭。譬如中国的画,在世界中独辟蹊径,比较西洋画,其价值不易论定,到欧后才觉得。所以有许多中国人,到欧美后,反而‘顽固’了,我或者也是卷在此东西对流的潮流中,受了反流的影响了。但是我实在极尊重西洋的学术艺术,不过不复藐视中国的文化罢了。”①自此,宗白华的学术研究开始发生转向,由对西方的学术、文化的研习,开始转向对中国传统文化的仰慕、依恋,其研究方法也转向中西比较研究。西学不再成为他研习的重点,而只是研究中学的一个参照系,一个进入问题的角度而已。

三、学问人生:一生的美学之旅

从20世纪的30年代到50年代后期,是宗白华创造力最旺盛的中年时期。三四十年代是国际社会动荡不安和国内政局变迁频繁的时代,这些都或多或少地影响到宗白华的学术道路和学术思考。这一时期,他的学术思想已经由青年时代的建设新文化以创建“少年中国”和热心研究西学转向了对中国审美主义的张扬,从一位哲学诗人走向了中年的体验美学家。

1925年,宗白华回国,来到南京东南大学哲学系任教,开始了他一生中的教育事业。在学校里,他开设“美学”“艺术学”“叔本华哲学”“尼采哲学”“康德哲学”“文艺复兴时期艺术”等课程,并且留下《美学》《艺术学》等笔记体讲稿,每份讲稿中又有宗白华不同时期所加的批注。在《美学》讲稿里,宗白华把美学的对象分为人生美学和文化美学两大方面,并且对美学的研究方法、发展趋势以及美感等美学中的基本问题作了阐释,

①《自德见寄书》,《宗白华全集》第1卷,安徽教育出版社1994年版,第321页。

>>1982 年夏在寓所与研究生对话

进而分析了审美静观、同感论、试验说、幻想论、批评论等美学史上的几种主要的观念，并指出：任何一种审美方法都不能穷尽审美现象，美感也不能用一种态度来解释，而必须用多种方法去分析。就艺术的创造而言，宗白华突出了艺术的生命与形式的重要性。在《艺术学》讲稿中，他对艺术创造的方法、动机，艺术创造个性，艺术家的人生观和艺术观等艺术的诸方面问题作出分析后，将重点放在了对"艺术天才"的分析上面；指出天才需要具备几个方面的特质：感觉和模仿自然的能力、较强的记忆力、观察的兴趣、审美鉴赏力和空想的能力。他尤为强调了空想（或曰想象）在天才创作中的重要性。在对天才的分析中可明显看出尼采、叔本华、康德、弗洛伊德等西方生命哲学家的思想影响，但更多的是他个人的独到见解，"艺术为生命的形式""艺术创造表写出意境""生命的表现皆有节奏和条理"等重要的美学命题就是在这时提出来的。

1930 年，宗白华在讲授"形上学"课程的基础上，留下了《形上学——中西哲学之比较》《孔子形上学》《论格物》等讲稿。在关于中西哲学的比较中，他对中西哲学的差异、中西法象之不同、西方的概念世界与中国的象征世界，以及毕达哥拉斯学说、歌德论哲学、欧氏几何学、笛卡尔解析几何及中国的八卦等，进行了专门的探讨，并提出了“数”与“乐”、“唯理”与“生命”、“数理”与“象征”等代表中西方文化差异的哲学范畴。在《孔子形上学》中对孔子的治学思想、孔子论“道”的精神、“道”与“仁”的关系以及孔子的后继者荀子的思想一一作出分析，从中可以看出他开始转向对中国文化思想的探索。

宗白华在青年时代就对歌德非常仰慕，欧洲游学归国后，他继续保持着对歌德人格及其作品的极大热情。1932 年 3 月，天津的《大公报》文学副刊发表了宗白华的《歌德之人生启示》；3 月 28 日，该报发表了他翻译的比学斯基的《歌德论》。10 月，宗白华作了《歌德的〈少年维特之烦恼〉》《歌德和释勒订交时两封讨论艺术家使命的信》两篇文章，翻译了《释勒和歌德的三封通讯》一文。12 月，《歌德之认识》一书由南京钟山书局出版，该书包括五个部分内容：歌德的人生观和宇宙观、歌德的人格与个性、歌德的文艺、歌德与世界、歌德纪念，是一部较为完备的、系统的歌德研究著作。宗白华是主要的编撰人之一，该书不仅收入了他的《歌德的〈少年维特之烦恼〉》一文，前面还有他写的简短的附言。1933 年，歌德研究专家张月超的《歌德评传》一书出版，宗白华为之作序，指出歌德的生活“是他最美丽最巍峨的艺术品”①。在宗白华看来，歌德的人格、生活以及他的作品中所表现出来的独特意义和内在问题，同样也是困惑着现代人并使之直面灵魂所发出的拷问，歌德与其替身浮士德的人生经历启发了现代人对生命意义的追问和对生命价值的肯定。

20 世纪三四十年代，步入中年的宗白华运用中西比较的方法深入研究了中国哲学、艺术以及中国的文化精神，在对中国文化、艺术的全面梳理中，

---

①《〈歌德评传〉序》，《宗白华全集》第 2 卷，安徽教育出版社 1994 年版，第 42 页。

>> 与哲学系部分师生

处处流露出倾慕和赞美。期间发表的作品包括《哲学与艺术——希腊哲学家的艺术理论》(1933)、《略谈艺术的“价值结构”》(1934)、《论中西画法的渊源与基础》(1934)、《中西画法所表现的空间意识》(1935)、《论〈世说新语〉和晋人的美》(1941)、《中国艺术意境之诞生》(1943)、《论文艺的空灵与充实》(1943)、《中国艺术三境界》(1945)、《略论文艺与象征》(1947)、《略谈敦煌艺术的意义与价值》(1948)、《中国诗画中所表现的空间意识》(1949)等。在这些文章中,宗白华从美学、艺术理论、艺术史和中西文化比较等角度,对艺术意境的诞生、艺术空间意识的表现等美学诸命题做了精辟入里的分析。在这些发表的研究中国哲学、美学,甚至是奠定了他作为中国美学史上大家地位的文章中,都可以看出宗白华已转向了具有现代精神的中国审美主义。作为体验美学大师的宗白华试图去重新发现中国哲学思想的内核和中国艺术的审美精神,并以此作为个体选择的精神家园。

20世纪50年代,中国美学领域出现了一场围绕着美的本质、美的规律、美的对象、自然美等问题的轰轰烈烈的大讨论。宗白华应《新建设》杂志的邀请,针对高尔泰的《论美》一文,撰写了《读〈论美〉后一些疑问》,对高尔泰提出的“美在主观”的观点表达了不同的看法。他认为美学研究的一般过程是:要先肯定美的对象是一个客观的存在,然后再去研究这个对象在被人们接受时的客观和主观的条件,最后分析美的对象的内容和结构。他与当时那些言辞尖锐的批判者完全不同,只是很平淡地说出自己不同意主观派的理由,并且指出高尔泰的文章逻辑性不够强。其后,在《美从何处寻》一文中又进一步谈了自己的客观性美学立场:“美是不以我们的意志为转移的客观存在,反过来,它影响着我们,它教育着我们,提高生活的境界和意趣。”①之后,宗白华就没有再卷入这场纷争中,而是在未名湖的湖光掠影中开始散步了。50年代末,宗白华发表《美学的散步》一文,这标志着他的学术生命步入晚年的散步美学之中。

1960年5月,宗白华在翻译完康德的《判断力批判》(上卷)后,撰写了《康德美学思想述评》一文。在这篇文章中,他一反早期对康德的大力推崇,转变为运用马克思主义的辩证观点对其做出客观公允的评价,成为他一生研究康德美学的一个总结。康德的哲学伴随着宗白华一生的学理追问,无论是宗白华研究欧洲哲学时始终以康德思想为先导为武器,还是他研究中国美学时明显流露出的康德主义成分,都可以看出,他接受的不是康德的个别思想,而是他的整个体系。同时期发表的美学、艺术学文章中,讨论的问

①《美从何处寻》,《宗白华全集》第3卷,安徽教育出版社1994年版,第273页。

题转向“形式美”、“山水诗画”、建筑美学、书法、音乐、艺术虚实等抽象艺术美。宗白华的美学思考由“体验”转向“散步”，由注重人格精神美转向抽象美，由寻找精神家园、疗治现代人颓废之病的写作热情转向清苦地翻译西方近代以来的美学、艺术方面的文章、著作。宗白华的人生也发生了很大的变化，之后的十多年里，他写的东西更少了，却每周不辞辛苦地进城去美术馆看书画艺术展览。1986 年，年近九旬的宗白华在出版了几部著作后，停止了散步并停止了思考。

四、余音袅袅

作为当代美学大师，宗白华在中国美学研究者还寥若晨星的年代里，就在美学园地里开始了拓荒工作。他在侧重于对中国古典美学史、古典美学范畴做开创性研究和挖掘的同时，在对中西美学理论和文学艺术的对比考察中，丰富和发展了中国古典美学思想，并使古典美学得以向现代形态转换。尽管他没有留下卷帙浩瀚的美学著作，却将中华民族文化精神中崇高的人格美、生动活泼的美学散步风貌、充满自由个性的诗意热情，融入到自己的美学文论著作中，使其成为中国现代美学中一笔宝贵的财富。

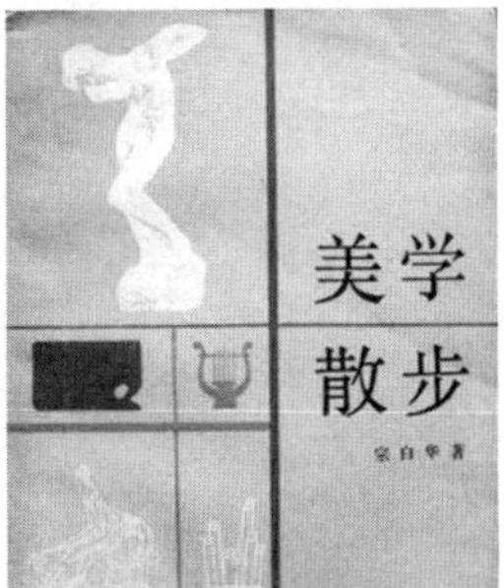

>>《美学散步》书影

1981 年，宗白华的自编选集《美学散步》由上海人民出版社出版，李泽厚为之作序。他指出宗白华美学研究的思维方式是“某种带着情感感受的直观把握”，但是却“相当准确地把握住了那属于艺术本质的东西，特别是有关中国艺术的特征”；宗白华的行文风格也是“或详或略，或长或短，都是那种富

>> 任教 60 年庆祝会合影

有哲理情思的直观式的把握，并不作严格的逻辑分析或详尽的系统论证，而是单刀直入，扼要点出，诉诸人们的领悟，从而叫人去思考、去体会”。他还将宗白华与朱光潜作了对比：“朱先生的文章和思维方式是推理的，宗先生却是抒情的；朱先生偏于文学，宗先生偏于艺术；朱先生更是近代的，西方的，科学的；宗先生更是古典的，中国的，艺术的；朱先生是学者，宗先生是诗人……”①

1986 年宗白华去世后，他的学生刘小枫写了《湖畔散步者的身影》来忆念他的老师宗白华。他指出，作为美学家的宗白华其基本的学术立场是“探

①李泽厚：《〈美学散步〉序》，见宗白华：《美学散步》，上海人民出版社 1981 年版。

寻使人的生活成为艺术品的创造”，追求“艺术式的人生”，要对“机械的人生”与“自利的人生”进行改造。论者认为这些都具有“明显地对现代性问题做出哲学反应的意味”。宗白华对唐人诗歌中所表现出的民族精神、晋人之美和中国音乐精神的留恋，对中国美学史的断代研究以及对庄子表现出过分的偏爱，其实都是在追寻一种理想人格精神美。所以，在留欧之前，宗白华关心的是“欧洲的哲学和科学，以图解决人生问题找到根据”。归国以后，他更多关心的是“中国的艺术精神”，并最终把人生观确立在“中国审美主义”上。①

台湾学者秦牧曾对宗白华给予极高的评价：“宗白华以丰富的中国古典学业为基础，深入探索欧洲文学的神髓，继而反射追寻中国文化的精华，确能在清澄通明的思维中，毫无保留地为传统文学点出诠释欣赏的爝火；他是五十年代我们最值得敬佩的比较文学学者之一，更是传承介绍美学理论和实践的睿智，殆无可疑。”②

1997 年，在纪念宗白华一百周年诞辰前后，北大学者王岳川写了《未名湖畔散步的美学家》一文，从青年的哲学诗人、中年的体验美学家、晚年的散步哲学家三个时间向度出发，对宗白华一生的心路历程作了总结，认为宗白华是一位哲学诗人，更是一位体验美学家，一位散步哲学家。“这‘体验’的沉醉和‘散步’的自由，使得我们得以窥见这位美学老人怎样在历史的断层中锲进了自己的独立人格精神之美，也可以反观百年历史怎样以苦难磨炼着诗性哲人的灵与肉。他不是一个在纯审美中乐而忘返的感受者，而是一

①参阅刘小枫：《湖畔散步者的身影》，见《这一代人的怕和爱》，生活·读书·新知三联书店 1996 年版，第 65—78 页。

②转引自林同华：《宗白华美学思想研究》，辽宁人民出版社 1987 年版，第 230 页。

>> 在朱光潜先生的寓所

个追寻生命意义的精神漫游者,一个以有限生命寻求无限境界的行吟者。"①

曾经担任宗白华助教的北京大学叶朗教授也先后写下了《从朱光潜"接着讲"——纪念朱光潜、宗白华诞辰一百周年》《宗白华给我们留下的启示》等文章,高度评价了宗白华在中国现代美学史上的贡献:"宗白华对现代诗歌和现代美学也有很大的贡献,他在学术文化方面也给我们留下了许多宝贵的启示。"在他看来,宗白华留给我们的启示主要有两个,一个是"中西文化的融合和沟通",另一个是"传统文化(古典文化)和现代文化的沟通和融合"。②

1994年,安徽教育出版社出版了由宗白华的学生林同华收集、整理的四

①王岳川:《思·言·道》,北京大学出版社1997年版,第223页。

②叶朗:《胸中之竹——走向现代之中国美学》,安徽教育出版社1998年版,第283—285页。

卷本《宗白华全集》。该套丛书收入了宗白华已经发表的和尚未发表的文章、书信、讲稿、译文等，并附有详细的生平及著述年表，较为全面地呈现了他一生的学术轨迹。1996 年，该出版社重印了该全集，重印时修订了原文中的纰漏、错误之处，改动较大，使之更为权威、规范。2000 年，安徽教育出版社又推出了《宗白华著译精品集》（七卷本）。随着两套文集的推出，研究宗白华的文章和著作越来越多，不少高校的研究生也将之作为学位论文的题目来加以研究，宗白华在中国现代美学史上的地位得到了应有的彰显。正如林同华说的那样：“宗白华先生的美学，不但给我们以如是的情感，而且赋予我们以丰富的灵知。它揭示了我们研究中西方美学的比较、中国美学史和西方美学史的真正精神，启发了研究美学的方法论，展现了建立中国美学范畴和体系的广阔前景。因此，我们毫不夸张地说，宗白华先生的美学，不但是我国民族文化的骄傲，而且也是现代世界美学的骄傲。”①

>>《我和艺术》书影

①林同华：《宗白华美学思想研究》，辽宁人民出版社 1987 年版，第 232 页。

第二章　艺术与生命的反思

青年时代的宗白华属于20世纪的“五四”一代，他以“少年中国”的锐气去批判传统文化，引进西方文化中的进化论思想和德国文化中的“浮士德精神”。他对康德哲学的研究和对实证主义哲学派别的推崇，对人文知识分子的科学态度和精神的强调，都试图从中找到一个解决社会、人生问题的方法和途径。面对现代人的精神颓废之病，宗白华强调具有生命情调的艺术，试图用审美与艺术来重塑现代人之精神人格，这使他在哲学本体论上尤为注重人生与艺术的关系问题。对待人生与艺术问题的深刻感悟主要表现于他的“流云”小诗中。独特的人生经历和对艺术的敏锐感受使他逐渐认识到有限与无限、短暂与飘逝、价值与创造的关系，感受到人在无穷的知识追求与有限的生命之间的巨大痛苦，而他觉得只有用艺术的方式才能解决。此外，在美学观、艺术观上宗白华还受到德国生命哲学的深刻影响，并将自己的研究方向定位在人生美学与文化美学上。

一、“流云”小诗的诗歌意象

“五四”落潮以后，青年宗白华的内心非常苦闷，于是在 1920 年底终于下定决心离开上海赴德留学。但是，在远渡重洋、背井离乡的他国，宗白华试图通过学习欧洲哲学来创建“少年中国”的理想落空了。欧洲人在经历了战争后反而仰慕静穆伟大的东方文化，宗白华亲眼目睹了“西方文化的没落”，他的心情是低落、消极的。在这段时间里他很少发表哲学美学文章，而是创作了大量的小诗，陆续寄回国内发表在《学灯》上。

随着诗歌文体的自由化发展，产生了自由体诗、格律诗、散文诗等诗歌形式，宗白华却选择了小诗这种诗体来进行创作，这或许与他个人的经历、爱好相关。他早年致力于欧洲哲学的研究，所以在他的小诗中大都充满对哲理情思的追求。在他看来，诗歌要以“哲理做骨子”，才会“意味浓深”。他的诗在玲珑剔透的意象和优美的意境中蕴含着深邃的思想和纯洁的感情，使人在情感上产生共鸣，思想上获得启迪。同时，宗白华采用小诗这种诗体来表达自己的情感也与他所处的时代氛围有关。“五四”是理想高扬、激情洋溢的时代，于是出现了像《女神》那样富于浪漫主义激情的诗歌，表达出一代人文化启蒙的心声。但是随着“五四”落潮，急风暴雨式的思想启蒙式微，

>> 与夫人合影

社会愈加黑暗，苦闷和彷徨的情绪弥漫开来，更多作家尤其是诗人从社会中退回来，转向在内心世界对人生作形而上的冥想和哲学探索。新诗逐渐失去其狂飙突进的泱泱大观之势，而短小精悍的“小诗”却最适合表达这种冥想和探索，于是就成为包括宗白华在内的很多诗性哲人的选择。

宗白华的“流云”小诗明显受到当时广泛流行于文坛的泛神论思想的影响。他早年受庄子的影响而崇拜泛神论哲学，因而对同为泛神论者的歌德一见倾心，又因接近歌德而更加崇拜泛神论。他在给郭沫若的信中曾流露出自己对泛神论思想的偏爱，并且指出自己在不久的将来所要做的歌德研究也主要是想说明诗人的宇宙观以 pantheism（泛神论）最为适宜。《信仰》一诗可以被看作宗白华泛神论思想的代表作。

信　仰

红日初生时/我心中开了信仰之花
我信仰太阳/如我的父!
我信仰月亮/如我的母!
我信仰众星/如我的兄弟!
我信仰万花/如我的姊妹!
我信仰流云/如我的友!
我信仰音乐/如我的爱!
我信仰/一切都是神!
我信仰/我也是神!

诗人将太阳、月亮、众星、万花、流云比作自己的父母、兄弟、姊妹和朋友,最后以“我信仰/一切都是神! 我信仰/我也是神!”而与自然万物融为一体。诗中“以自然为生命”的泛神论精神也正是斯宾诺萨的“神即自然”这一思想在诗歌中的另一表述。诗歌反映出这一代人在追求个性自由而没有找到方向时,将自己对生命的恋情寄回自然、托向宇宙的无奈。

宗白华的“流云”小诗,除了白话形式的自由空灵外,其诗性魅力还表现在对未来充满活力的“少年中国”的向往和对宇宙人生的精神觉醒上。浪漫精神和纯洁的爱国热忱,对光明的憧憬,新中国的创造,是弥漫在当时的许多青年心中的基调,同时也是宗白华新诗的基本基调。漫步在“流云”小诗中,处处可见的是诗人从自然界的繁星、明月、朝霞、暮霭、森林、万花、微风、细雨等渗透着生命情调的活泼意象中去寻觅内在生命的体悟和心灵的感

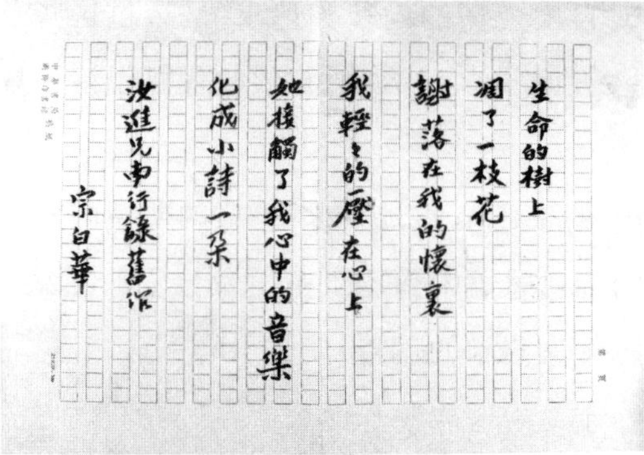

>> 宗白华诗札

受。在小诗的众多意象中,“心”是出现频率最高的一个字眼,共出现55次。宗白华在用自己那颗敏感而多情的心,去向自然万物“悄悄地诉说他们的情,他们的梦,他们的愿望”。少年的心像火一样热情:“我知道你心中的热烈/在酝酿着明春之花”(《冬景》);像水晶一样透明:“我的心/是深谷中的泉”(《我的心》);像明月一样表里俱澄澈:“心中的宇宙/明月镜中的山河影”(《断句》),“唯有你/是我心中的明月/清光长伴我碧夜的流云”(《有赠》);明净的心有时也会被“幽凉”笼罩:“心中无限的幽凉/几时才能解脱呢”(《流云〈二〉》)。但是,诗人也清醒地意识到,小己的烦恼终将消失在大宇宙中,不会留下一丝痕迹:“月的幽凉/心的幽凉/同化入宇宙的幽凉了。”(《流云〈二〉》)

在“流云”小诗中,还有许多描写了热烈而真挚的恋爱。“流云”小诗中对爱和美的热烈颂扬,都指向一个单纯、乐观的自我,反映着“五四”时代的青春气息。当时宗白华正在和自己的表妹虞芝秀谈恋爱。浪漫的爱情也给了他许多诗的灵感。恋人的“眼睛”和诗人的“心”常常是交替出现的两个意象:“她静悄悄的眼波/悄悄地/落在我的身上。我静悄悄的心/起了一纹/悄悄地微颤”(《眼波》);“那含羞伏案时/回眸的一粲,永远地系住了我/横流四海的放心”(《回眸的一粲》)。对自由爱情的向往和追求,是透过这些意象所要表达的一个重要主题,也是“五四”这一伟大的解放时代赋予诗人尊重个性和自由的庄严使命。

“流云”小诗中流淌着一种晶莹的生命情调,用叔本华式的悲情眼光去窥探世界,去解人生之谜,在独特的诗意感悟中渗透了对生命与艺术关系的反思。他就是要把对艺术的体验转化为艺术的创造,使艺术与生命相连、与体验相连。在《生命的流》一诗中,诗人穿越自我与他人、与自然、与世界的障碍,将生命之流融入“海洋的云波”“小河上的微波”“琴弦上的音波”和“她心泉上的情波”里,使自己的当下性存在与对宇宙人生的体悟相通,获得一种“我在世界中,世界亦在我之中”的超然境界。诗人还通过艺术体验去获取生命的价值,去穿透生活中晦暗不明的现象,揭示出生命的超越性意义,所以“绝代的天才/从人生的愁云中/织成万古诗歌”(《诗人》)。宗白华的许多诗就是在深夜无眠之时,面对宇宙人生的浩瀚缥缈发出的喟叹,由人生的体验达到艺术的体验创作而成的。正是他那双没有被现代物质文明所污染的眼睛,才可以在一花、一草、一沙中窥见整个世界,在繁星、明月、流云中窥探宇宙人生广大精微的义谛。

除了在人生、自然中寻求诗歌创作灵感外,宗白华的诗歌也触及一些深邃的哲学命题,诸如关于现代化的进程中伴随着引入科学和商品意识而来的工具理性和消费主义等。一方面,这在物质文明的发展方面起了很大的作用;另一方面,令宗白华困惑的是,工具理性和商品消费主义并不能解决人生存在的价值理性问题和现代文化危机问题,相反,在使人们沦入物欲时加速了心性价值的失落,并使人类心灵遭受到空前的信仰危机。面对这一现代性精神危机问题,哲人们希望以艺术境界去提升人生境界,使之摆脱物欲,重返精神家园。面对现代生活中精神与生命的绝对矛盾所造成的现代文化悲剧，西美尔试图通过他的生命哲学中的“审美主义”来加以和谐解决。宗白华对西美尔关于现代人的身体与感觉的分析深有同感，在《生命之窗的内外》一诗中描述的就是大都市中现代人的心态和根本处境。

生命之窗的内外

白天，打开了生命的窗，
绿杨丝丝拂着窗槛，
一层层的屋脊，一行行的烟囱，
成千上万的窗户，成堆成伙的人生。
活动、创造、憧憬、享受。
是电影、是图画、是速度、是转变？
生活的节奏，机器的节奏。
推动着社会的车轮，宇宙的旋律。
白云在青空飘荡，
人群在都会匆忙！

黑夜，闭上了生命的窗。
窗里的红灯
掩映着绰约的心影：
雅典的庙宇，莱茵的残堡，
山中的冷月，海上的孤棹。
是诗意、是梦境、是凄凉、是回想？
缕缕的情丝，织就生命的憧憬。

大地在窗外睡眠！
窗内的人心，
遥领着世界神秘的回音。

诗人用“白天”“黑夜”这两个意象表现出现代人外在的现实生活与内在精神生命的对立。“一层层的屋脊，一行行的烟囱，成千上万的窗户，成堆成伙的人生”，人们在现代科学理性、工具主义的世界里深感困惑、迷茫。“活动、创造、憧憬、享受”，生活如同机械一样按照整体性、同一性的模式运转，并推动着社会向前发展。“是电影、是图画、是速度、是转变?”现代人感觉自己深深陷入一个飞速发展而不可知的世界当中，遭受多元文化元素的挤压，而人们既不可能完全清理和吸收它们，又不可能去对抗它们。现代社会对人性的压抑扭曲只有靠艺术来解脱，只有在一个艺术的、审美的、精神的境界中，人才能抵抗科技理性对自身的片断化而成为完整的有血有肉的人。可以说，通过审美解决心物之间的对立冲突成为20世纪中西哲人的主导思路。

宗白华“流云”小诗的诗题本意是什么？《夜中的流云》给出了答案：

流云啊！流云！
天宇廖阔，天风怒吼。
你一刻不停地孤飞，
是要向黑暗么？要向光明呢？
满天的繁星，
燃着无数情爱的灯，
指点你上晨光的道路了！

晨光！晨光！
你携着宇宙的音乐来了！
你在鸟语花鸣中，
也听见我的祈祷声么！

诗人宗白华在对暗夜里飘逝的流云的声声追问中传达出自己的苦闷和彷徨："你一刻不停地孤飞，是要向黑暗么？要向光明呢？"但他坚信，只要人间有爱，就可以引领人们走上晨光的道路。诗人努力将自己从黑暗的意象中解脱出来，转向对晨光的热切呼唤："晨光！晨光！你携着宇宙的音乐来了！你在鸟语花鸣中，也听见我的祈祷声么！"这里的"流云"也是诗人自己的象征，是矛盾与追求、向往光明与憧憬未来、歌唱宇宙与赞美人生的统一。

康德认为，世界上有两个最崇高的东西，这就是夜间的星空和人心里的道德律。深受康德哲学影响的宗白华在"流云"小诗中表现最多、最丰富的也是"夜"和"心"这两个意象。在"流云"小诗中，"光""日""海""云"等表现光明、乐观、积极进取的生命精神的意象只有 10 多个，而"夜""梦""星""月"等抑郁的、带有悲剧感情色彩的意象达 90 多个。宗白华在从德国寄给友人的一封信里，对国人的颓废心理表现出深深的忧虑："国内的糟，真是太不堪，尤可叹的，是民气的颓废无力，简直是衰病老人的气象。悲哀气愤而没有一点振起抵拒的能力。就在青年的新文坛里看起来，也是人人自称'弱者'，人人口唱'悲哀'。从前大家主张打破环境，现在是被环境打倒了的'弱者'。我不以中国政治社会之坏为忧，而以青年这种太无勇气，太易衰老为忧。"[①]他的诗就是这种情绪的表现。在他用新的形式、新的意象创作的第一

①《致舜生寿昌书》，《宗白华全集》第 1 卷，安徽教育出版社 1994 年版，第 421 页。

首新诗《问祖国》中，同样充满了“黑雾”“迷途”“沉雾”等消极的意象，表达的是深沉而忧郁的情感。

同时，宗白华也认识到，悲观和憎恨的文学会扼杀我们青年活泼的生命力，造成我们民族生命力的进一步减弱。在民族百废待兴之际，乐观向上的文学对于振兴国民精神具有无可替代的作用。宗白华在写于1923年的《我和诗》一文中表示：“然而我并不完全是‘夜’的爱好者，朝霞满窗时，我也赞颂红日的初生。我爱光，我爱美，我爱力，我爱海，我爱人间的温暖，我爱群众里千万心灵一致紧张而有力的热情。我不是诗人，我却主张诗人是人类底光明的预言者，人类光明的鼓励者和指导者，人类的光和爱和热的鼓吹者。”①诗人在“伟大的夜/我起来颂扬你”（《夜》）之后，感受到的是“黑夜深/万籁息”（《夜》）的孤独寂静，在焦虑中等待着“夜将去/晓色来”（《晨》）。当时，他同中国的大多数年轻人一样，感觉到半殖民地半封建的旧中国太令人窒息了，他们在苦闷、探索、彷徨中去追求光明和美好的理想，并坚信“黑夜的影将去了，人心里的黑夜也将去了！我愿乘着晨光，呼集清醒的灵魂，起来颂扬初生的太阳”②。他在小诗中，常常将光明与黑暗的意象并列，反映出他当时的期待，希望在最黑暗的时刻过后，新的光明会到来。“太阳”和“月”常常同时出现在他的某一首诗当中。“太阳的光/洗着我早起的灵魂。天边的月/犹似我昨夜的残梦”（《晨兴》）。正是这种执著的精神使他深信在最黑暗、最悲哀的宇宙中总会折射“太阳的热，月亮的光”（《流云》），像诗人雪莱所歌咏的那样：“冬天来了，春天还会远吗？”宗白华正是在雪莱的“预言的号角”声中看到了黎明的曙光，并欣喜地发出感慨：“雪莱，我听到你的

①《我和诗》，《宗白华全集》第2卷，安徽教育出版社1994年版，第155页。
②《〈流云〉序》，《宗白华全集》第1卷，安徽教育出版社1994年版，第410页。

诗了!”(《雪莱的诗》)

在那个特定的年代里,“流云”小诗以其清新活泼的形式、深邃的思想为当时的青年所喜爱,抚慰了一代人的心灵。1923 年,随着上海亚东图书馆出版了宗白华的《流云》诗集后,作为一种诗体形式的“小诗”也就跟着式微了,结束了不可再现的黄金时代。自此,由周作人、郑振铎等人无意间发起的 20 世纪 20 年代初的小诗运动,最后以宗白华的“流云”小诗而告结束。

二、在概念的世界里研究康德

宗白华早期的哲学思想主要受康德、叔本华与实证主义的影响,尤其对康德的思想极为喜爱和推崇。他把康德哲学看作人类哲学发展史上的一个里程碑,给予其极高的评价:“存其真义,去其偏执,破收并行,以成康德,证据坚确,千古不易之唯心哲学。”①仅在 1919 年这一年里,宗白华发表的与康德和实证哲学相关的文章就有《康德唯心哲学大意》《康德空间唯心说》《哲学杂述》《说唯物派解释精神现象之谬误》《欧洲哲学的派别》《“实验主义”与“科学的生活”》《科学的唯物宇宙观》等。康德哲学有以认识论代替本体论的倾向,宗白华的美学研究也以审美鉴赏代替对审美本质的探讨,他对康德的研究决定了他一生美学研究的大方向。

在《康德唯心哲学大意》一文中,宗白华对欧洲哲学史上的唯物主义与唯心主义两派哲学作了分析,从中明显流露出对康德哲学的推崇。他分析了康德哲学与过去唯心主义哲学的区别,指出过去的唯心哲学主张人以外的世界并不是实际存在的,而是依存于人的内心世界,只有人的精神世界是

①《康德唯心哲学大意》,《宗白华全集》第 1 卷,安徽教育出版社 1994 年版,第 11 页。

实在的世界，并且是永远存在的；康德哲学则认为外界的事物与内心世界都是真实存在、同生共灭的，“心物皆非宇宙实相，皆是唯心假相所见，取此内心外物之心，假名为形而上心”①。康德所言形而上心与宇宙本体，其实都是不可言明的东西。宇宙间的一切事物都是在时间空间中发生发展变化的，只有形而上的东西不具有时空性。但是时间空间又都是“唯心之相”，而时间空间的唯心又与宇宙中存在的实际事物的唯心不同。所以宗白华认为，康德哲学的精义，“即是说一切诸法，具有形而下实相（对形而下心言），而同时为形上虚相（对形上心言）”②。这里，哲学功底尚且薄弱的宗白华并未真正找到康德哲学与唯心主义哲学的本质区别所在，康德与以往唯心派哲学的不同处在于他承认形而上心相的物质运动对于形而下心相来说是实有的，究其实质也只不过是在主观世界中承认客观世界的实在性。

宗白华还运用康德哲学这把利刃对欧洲哲学史上一系列哲学问题以及主要的哲学派别作了剖析。在《哲学杂述》一文中，他对欧洲大生理学家杜博雷孟氏谈到的“宇宙间永远不可解决的七大谜”做出个体性的阐释。在关于“质力”为何物、是否存在“质力”的问题上，唯心哲学派将质力看作意志的表现，这派以叔本华为代表，认为宇宙间的一切现象皆是意志现象，物质就是意志的直接表现；实证学派则主张一切学术都必须基于实验，质力是实验不能证明的，所以也不能算作实有其物。康德的观点与实证派大致相同，他认为质力之不生不灭，是因为它是一种先天知识，是存在于人的意识中的东西。宗白华赞同的是实证学派和康德的观点，认为质力是唯心假名，并无实际。紧接着宗白华又发表了《欧洲哲学的派别》一文，在对欧洲哲学史上存

---

①《康德唯心哲学大意》，《宗白华全集》第1卷，安徽教育出版社1994年版，第13页。
②《康德唯心哲学大意》，《宗白华全集》第1卷，安徽教育出版社1994年版，第14页。

在的唯物主义、唯心主义、实证主义等哲学派别做出梳理的基础上，认为这些派别都是有着实际学理根据的精微深奥的理论的，所以“以后哲学之事就是将多方面至精不可摇动的义理用一种更高的理论以贯通之罢了”①。在他看来，这种更高的理论就是康德哲学。唯理论与经验论、实在论与现象论、独断论与怀疑论等哲学派别在理论上存在着诸多误区，这直接导致了实证主义与康德哲学的兴起。

康德的思想中有着明显的实证主义成分，这与他早年主要从事自然科学研究有关。宗白华对实证主义也甚为推崇，把它看作现代科学中极有价值的认识论。实证哲学要求以科学为本，尊重经验和事实，摒弃形而上学的抽象论，只研究现象之间的关系。1919 年，实证主义大师杜威来北京大学做讲演，将实证主义在中国的研究推向高潮。当时，实证哲学曾得到包括宗白华在内的大多数中国知识分子的青睐，研究康德哲学和实证主义科学一度成为投身于新文化运动中的中国知识分子坚定不移的信念。1919 年 11 月 18 日，宗白华在《学灯》上发表了《“实验主义”与“科学的生活”》一文，他把这种科学实验主义的精神和态度看作改造中国人思想的唯一良药。

> 我向来以为，现在中国青年有两种最优美最丰富而最有价值的生活，就是新村的生活与科学实验室的生活。新村的生活是谋社会的建设，新中国的创造，是在自然界中活泼新鲜的创造生活。科学实验室中的生活是求学理的阐明，新文化的振兴，是在小宇宙中丰富多趣的研究生活。两种都是真有意义有价值的生活。我们任择其一，我们的生活内容就无忧了。最好是科学实验室就在新村中间，我们同时有这两种

①《欧洲哲学的派别》，《宗白华全集》第 1 卷，安徽教育出版社 1994 年版，第 58 页。

生活，那时我们的生活可以称作‘科学的生活’了。那时实验主义就成了一种活泼的实际生活，不复是学者脑中的理想了。①

他认为新中国的少年在研究学理的过程中，应该具备科学的精神，用科学的方法研究社会问题。而这种科学精神的培养只有在科学实验室里通过研究学理、磨炼思想才能实现，才能真正影响到中国学术文化的振兴，因此他把这种科学实验室的生活与新村的生活一并看作现在中国青年的“两种最优美最丰富而最有价值的生活”。

宗白华不仅在哲学思想上受到康德和实证主义的深刻影响，在美学观上也接受了康德的整个思想体系。康德对真善美的划分并将形式美看作艺术价值的表现，影响到宗白华对艺术的看法。他不仅在哲学、道德、宗教、审美等问题的看法上基本采用了康德的分类方法，而且还把艺术的审美问题转化为艺术的价值结构问题。在发表于1934年的《略谈艺术的“价值结构”》一文中，宗白华指出对艺术的价值结构进行探讨分析的必要性：

美感过程的描述，艺术创造与艺术欣赏之心理分析，成为美学的中心事务。而艺术品本身的价值的评判，艺术意义的探讨与阐发，艺术理想的设立，艺术对于人生与文化的地位与影响，这些问题，向来是哲学家与艺术批评家所注意的。现在仍是交给哲学家及艺术批评家去发表意见。

但这一些问题，可以集中于一个主体问题，这就是“艺术”这个“价值结构”的分析与研究。艺术是人类文化创造生活之一部，是与学术、

①《“实验主义”与“科学的生活”》，《宗白华全集》第1卷，安徽教育出版社1994年版，第107页。

> 道德、工艺、政治，同为实现一种“人生价值”与“文化价值”。普通人说艺术之价值在“美”，就同学术、道德之价值在“真”与“善”一样。然而，自然界现象也表现美，人格个性也表现美。艺术固然美，却不止于美。且有时正在所谓“丑”中表现深厚的意趣，在哀感沉痛中表现缠绵的顽艳。艺术不只是具有美的价值，且富有对人生的意义、深入心灵的影响。①

宗白华把艺术内部的价值划分为三种：形式的价值、抽象的价值、启示的价值。其中，形式的价值在艺术中居于重要位置，主要表现在：首先是间隔化作用，即艺术可以使人摆脱现实生活的种种实用关系而自成一独立的世界、独立的有机体；其次，美的形式的积极作用是构图的作用，即使各种不同的情景组织、集合、配置成一个丰富的小宇宙，由这一小宇宙可以窥探人类整个大宇宙；其三，形式的最重要作用就是由美入真，深入生命节奏的核心，从而使主体获得真自由、真解脱、真生命。在宗白华看来，形式之所以在艺术中居于如此重要的地位，是因为“它不只是实现了‘美’的价值，且深深地表达了生命的情调与意味”；艺术中因为有了形式的美的价值，才成为一个“独立于科学、哲学、道德、宗教等文化事业以外，自成一文化的结构，生命的表现”②。宗白华将真善美以及形式等问题一并放在艺术中来考察，将审美与艺术提高到超越于一切价值之上的地位，正是康德思想的深化和具体化。

宗白华还极为推崇创作中的天才，这里明显具有康德和叔本华的影子。康德认为天才有四大特点：独创性、典范性、神秘性、只与艺术相关而与科学

①《略谈艺术的“价值结构”》，《宗白华全集》第2卷，安徽教育出版社1994年版，第69页。
②《略谈艺术的“价值结构”》，《宗白华全集》第2卷，安徽教育出版社1994年版，第71页。

无涉。首先，天才的作品是独特、不可重复而又空前绝后的。其次，天才的创作不是按照一定的法则来进行的，而科学技术则必须遵循一定的法则，所以科学技术能够被别人学会，而天才的创作属于个体独创。根据这样一种推理原则，在康德看来，就连牛顿这样的科学家都不能算是天才。其三，天才的活动不受主体的控制，就连天才自己都无法描述这一过程。其四，天才只与艺术相关而与科学无涉。叔本华也认为，直接考察永不变化的、真正的本质的东西时，需要有不同于科学的认识方法，那就是艺术，就是天才的任务。天才式的观察世界的方式是艺术上唯一有效而有益的考察方式。叔本华把天才的本质规定为摆脱意志、进入纯粹观审的能力，即审美和艺术的能力，从而将天才审美化了。在发表于1920年的《美学与艺术略谈》一文中，宗白华谈到关于艺术的起源问题。

> 艺术的起源并不是理性知识的构造，乃是一个民族精神或一个天才底自然冲动的创作。他处处表现民族性或个性。艺术创造的能力乃是根于天成，虽能受理性学识的指导与扩充，但不是专由学术所能造成或完满的。艺术底源泉是一种极强烈深浓的，不可遏止的情绪，挟着超越寻常的想象能力。这种由人性最深处发生的情感，刺激着那想象能力到不可思议的强度，引导着他直觉到普遍理性所不能概括的境界，在这一刹那顷间产生的许多复杂的感想情绪底联络组织，便成了一个艺术创作的基础。①

在承认艺术创造与天才的紧密关系的同时，宗白华对天才的“四大特

①《美学与艺术略谈》，《宗白华全集》第1卷，安徽教育出版社1994年版，第189页。

色”的分析也颇有新意：天才观察世界了然于心，反而增加了一份“悲哀忧郁”的心情；天才悟尽人间的奥妙而带着“含泪之笑”；天才无不在作品中由小我推及整个宇宙并感悟生命的意义，在表现个体的独特性时显示出真性情；天才的作品一方面表现其天才的自然流露，另一方面也是天才智慧的整体体现。宗白华还进一步阐释了天才在创作中的下意识作用、天才的智慧与情绪、天才与疯狂的关系，以及天才在日常生活和艺术创作中的不同表现等等，广泛涉及审美创作心理学等深层问题。难能可贵的是，宗白华关于天才的论述已经抛弃了康德天才论中的神秘色彩，以及天才只存在于美和艺术创造中的狭隘天才观，指出“所谓天才者，无非因其能突然得到一 inspiration，而他种事业，如政治机器等等发明，亦须要此件也”①。天才既是智慧超人之表现，同时又是具有真血性真性情的个体的独特才能。

宗白华受康德哲学强调审美主体的知、情、意相统一思想的影响，希望将感性与理性相调和而走中间道路，并坚信“人是目的”的理论，这就涉及一个普遍的现代性精神危机问题，“少年中国”时期的宗白华试图通过塑造健全的人格来摆脱这一危机。在 1919 年发表于《少年中国》第 1 卷第 5 期的《中国青年的奋斗生活与创造生活》一文中，宗白华论述了养成完满人格对于创造新社会的重要性。人格就是人的一切天赋本能的总和，所谓健全的人格就是使人的一切天赋本能都获得完满的发展。而在怎样使人格获得健全发展的问题上，宗白华提倡一种自强不息的创造的生活，认为作为个体的人“智慧要日进于深广”“感觉要日进于优美”“意志要日进于宏毅”，而要达到以上三个目的，还需做到“研究学理以增长见解”“留连美术以陶冶性情”

①《美学》，《宗白华全集》第 1 卷，安徽教育出版社 1994 年版，第 493 页。

"经历困厄以磨练意志"[①]。从知识、情感、意志三个方面来培养健全人格的观点，显然是在康德将人的心灵认识能力归结为知、情、意的思想基础上提出来的。宗白华认为健全人格的最大特点应该是在人社会中处于自由地位，而审美和艺术活动正是促使人获得自由人格的桥梁。宗白华之所以推崇"人是目的"理论，追求完满人格，在于它可以高扬人的主体能动性，使人在艺术和审美之中获得个性的自由和解放，获得对现实沉沦的抗争方式。这种以张扬人的个性、解放人的感性生命为旨归的人格理想与古代混沌的社会主体观截然不同，它体现出的是一种代表着现代精神与审美力量的现代美学观。

三、歌德的人生启示

如果说康德在哲学观、美学观上对青年宗白华产生了深刻影响，那么歌德及其浮士德精神则在人生观上影响了宗白华一生的人生道路，"拿歌德的态度做人"是他当时的口号。他的美学生涯的开始是与对歌德的喜爱同步的，而他最终决定要赴德留学也是出于对歌德的过分偏爱。宗白华渐渐由对叔本华和康德的研习转向了对罗丹和歌德的仰慕，从唯心论开始向积极的唯物泛神论转变。

他从歌德身上强烈地感觉到狂飙突进运动的精神感召力，开始从苦闷、彷徨走向探索和反抗，并以此来更深更广地思考中国新文化建设的问题。

青年时代的宗白华除了求学理的阐明之外，早在留学德国之前就在关注着现实的人生问题。现代化的进程是伴随着反对封建思想的束缚、张扬科学与民主精神而来的，一方面，人们强烈地要求摆脱宗教思想、封建道德

---

①《中国青年的奋斗生活与创造生活》，《宗白华全集》第 1 卷，安徽教育出版社 1994 年版，第98 页。

规范以及干枯的理智的束缚，呼唤着一个新的时代的到来；另一方面却又受到畸形发展的物质文明和机器的无形压迫。科技理性并不能解决人生存在的价值理性问题和现代文化危机问题，相反，在使人的物质欲求无限膨胀的同时，也使其精神价值陷入空前的信仰危机当中。现代人的精神危机问题促使他在人生诉求上发生了改变。1920 年 1 月，宗白华在给郭沫若的一封信中表示自己要从哲学研究转向文学。因为“哲学中宇宙的真相最好是用艺术来表现，不是纯粹的名言所能写出的，所以我认将来最真确的哲学就是一首‘宇宙诗’”①。这里的“宇宙诗”也就是泛神论的诗化哲学，而启示宗白华进入这诗化哲学的正是歌德的泛神论精神。

在走向现代化的进程中，人类不再有童年时代的天真烂漫，眼里看到的是“罪恶、机诈、苦痛、空虚”。而歌德则是这样一个压抑世界中唯一的还抱有纯真烂漫心灵的人，歌德的人格及其作品为身陷现代性精神危机之中的现代人树立了一杆标尺。当时，以宗白华为代表的青年学者对歌德产生了极大的兴趣，在著名的宗白华、郭沫若、田汉的通信集《三叶集》当中，讨论的内容即以歌德为中心。宗白华在序中谈到：这部书“乃是提出一个重大而且急迫的社会和道德问题，请求诸君作公开的讨论和公开的判决”②。这个重大而急迫的社会和道德问题就是指当时的婚姻问题，而他对这个问题的看法就是从歌德的人生及其作品中获得的启示。歌德反抗传统的一切束缚，张扬自我个性，给了青年宗白华无限的希望和勇气，他号召年轻人起来与封建思想作斗争，争取符合人性的婚姻和爱情。因为真正的爱情可以使人的个性获得最大限度的张扬，美好的人性也只有在自由的空间才能生长。

---

①田寿昌、宗白华、郭沫若：《三叶集》，《宗白华全集》第 1 卷，安徽教育出版社 1994 年版，第 225 页。
②田寿昌、宗白华、郭沫若：《三叶集》，《宗白华全集》第 1 卷，安徽教育出版社 1994 年版，第 212 页。

歌德所处的时代同宗白华当时所处的“五四”时代十分相似，这也是他从歌德身上获得强烈共鸣的一个原因。歌德生活的时代，是情感受到窒息、个性受到禁锢、天才受到压抑的年代，同时也是一个强烈要求反抗封建思想束缚，要求人性的解放，主张情感自由的时代。歌德顽强地历练自己的身体、意志和性格，为的是将来能够成就一番大事业；他追求自然，意在否定社会生活各个方面压迫人性的陈规陋习；他呼唤天才，希望人能够充分地发挥自己的个性和潜能，保持人格的独立，张扬民族精神。《浮士德》就是歌德借一个人的发展、追求来探讨个人价值和意义的力作，而所谓的浮士德精神就是人类自强不息、积极进取、永远向上、不断追求的精神，是人类赖以生存、发展、进步的最伟大、最可贵的精神。

歌德所代表的人格和精神曾深深地激励了德国民族的志气。“二战”后德国人对自己民族必定复兴的乐观态度造成“向前的勇气和建设的能力”，在宗白华心里激起了无限的感慨。“德国民族现在所处的境地，可算是世界上最困苦，最可悲了。比起中国真差得十倍不止。但我遍搜它最近的文集诗歌，不看见一首关于时代的悲调。他们国人人人自信德国必定复兴。这种盲目的乐观，就是德国将来复兴唯一的基础。”①德国正处于最困苦、危难之中，但是包括歌德在内的所有作家并没有投合时代而去创作悲观的文学，宗白华认为这种乐观精神就是德国将来必定复兴的基础。他在歌德的作品中看到的是一幅充满暴力和压迫，同时也是富于斗争和反抗精神的德国生活画面。而努力塑造个人的才能，发挥人的最大潜力，并以此来振奋民族精神，促进资本主义在德国的发展，也就成为歌德创作的基调。这些都深深激励着青年宗白华，激起他改造旧社会、建设新生活的一腔热血。宗白华通过

---

①《恋爱诗的问题》，《宗白华全集》第1卷，安徽教育出版社1994年版，第417页。

对歌德的人生经历和作品的考察,发现歌德的伟大一方面在于他创作了不朽的作品,更重要的在于他的人格精神,他带给人类一种生活的典范,而且后者的意义要超越于前者。“他是大造化中一个创造者,全智慧中一个智慧者,自然中一个小自然,如同人说一个国中的小国。他一个人是一个整个的文化。”①

宗白华对歌德的研究,一方面通过对歌德的人格与生活经历的分析来揭示其所代表的人生意义;另一方面通过分析歌德的两部作品《浮士德》和《少年维特之烦恼》,来揭示其所内含的人生启示。此外,他还陆续翻译了歌德的许多著名的抒情诗。歌德的诗质朴、自然、清新,节奏明快、活泼,富于音乐性,他希望通过对这些诗歌的译介,能够给沉闷的中国文坛带来一股新鲜的空气。在20世纪二三十年代的中国,人们因为遭受了太多的压迫、苦难,以至于麻木、沉沦于苦难之中而不得自救,普遍陷入社会时代境遇的转换所带来的精神危机当中。宗白华也意识到,在这样一个新旧交替的历史时期,人们对于旧学术、旧思想、旧信条都已失去了信仰,而新学术、新思想、新信条还没有获得,不免会产生一种空虚,摆脱这种现代性的精神困境就成为这个时代人的普遍需要。宗白华寄希望于艺术给予个体生命以精神和力量,这样整个民族才会恢复自信,从现代困境中解脱出来。

1932年在歌德逝世百年的祭日里,宗白华写下了《歌德之人生启示》,发表在《大公报》上。在这篇文章中,宗白华首先抛出了一系列涉及本体论和终极关怀的问题:人生是什么?人生的真相如何?人生的意义何在?人生的目的是什么?对这些问题的解答不只是哲学家的事情,文学家也在自己的作品中寄寓了自己的思考。“荷马的长歌启示了希腊艺术文明幻美的人

①《〈歌德评传〉序》,《宗白华全集》第2卷,安徽教育出版社1994年版,第41—42页。

>>1935 年与友人共探学术合影

生与理想。但丁的神曲启示了中古基督教文化心灵的生活与信仰。莎士比亚的剧本表现了文艺复兴时人们的生活矛盾与权力意志。至于近代的,建筑于这三种文明精神之上而同时开展一个新时代。所谓近代人生,则由伟大的歌德,以他的人格,生活,作品表现出它的特殊意义与内在问题。"①在欧洲文学史上,歌德以其作品《浮士德》代表了近代欧洲文明的顶点,他上承荷马以降的热情澎湃的古典心灵,下开19世纪狂飙运动以后所有文学艺术乃至社会生活的风气。歌德以他的伟大人格、生活、作品,表现出近代人生的特殊意义与内在问题。宗白华从歌德的人生和作品中获得了启示:人生"就是如何从生活的无尽流动中获得谐和的形式,但又不要让僵固的形式阻碍生命前进的发展"②。而所谓的"歌德精神"或曰"浮士德精神",就是近代人生孜孜不倦的追求精神,是不断地否定过去的生活和追求新的生活,但又不失掉自己灵魂的精神。这是宗白华从歌德那里获得的最大的人生启示。

宗白华从对歌德人生历程的考察入手,看到歌德在所经历的各种形态的生活中,既充满了许多不可思议的矛盾,却又有着奇异的和谐形式。"就人类全体讲,他的人格与生活可谓极尽了人类的可能性。他同时是诗人,科学家,政治家,思想家,他也是近代泛神论信仰的一个伟大的代表。"③每一种生活里他都以全部的热情和整个的精神人格投入其中,因此在每一种生活当中歌德都会获得一个完满自足的人生。同时,宗白华也发现:作为当时德国时代精神的形象代表,歌德的思想和创作一直充满着尖锐的矛盾,这种矛盾在他的两部主要作品——《浮士德》和《少年维特之烦恼》中获得了集中的展示,这也是歌德式人生与人格的内在悲剧的表现。浮士德和维特的悲剧

---

①《歌德之人生启示》,《宗白华全集》第2卷,安徽教育出版社1994年版,第1页。
②《歌德之人生启示》,《宗白华全集》第2卷,安徽教育出版社1994年版,第11页。
③《歌德之人生启示》,《宗白华全集》第2卷,安徽教育出版社1994年版,第1页。

在于："向前无尽的追求终将不能满足，又将舍而之他，造成良心上的负疚，生活上的罪恶与苦痛。"①换言之，这种悲剧就是人生的无限丰富，生活欲望的无穷扩张，迫使人永远都在奋斗、追求，追求一个人生中的制高点，一个最美丽的瞬间。但是一旦达到了这个制高点，人又不会满足于眼前的所得而继续追求，于是永远处于一个追求、失落、彷徨，再追求、再失落、再彷徨的矛盾循环过程当中，人生的痛苦也因此而来。歌德的一生经历了无数次不断追求生命欲望又始终不断地绝望的痛苦折磨。宗白华翻译的歌德《湖上》一诗，就是这种矛盾人生和矛盾心理的绝妙反应。诗人表面上沉湎于群山环抱、轻雾缭绕的湖上美景，但是在这样心旷神怡的自然风景当中，仍然无法摆脱忧郁的心，表达了诗人想忘掉一段感情但是又一时无法割舍的矛盾、迷茫之情。

宗白华从歌德身上发现一个有趣的现象，就是歌德很容易开辟一种新的生活，但是也会很快从这种生活中退出来，他称这种现象为歌德式"逃走"。

> 歌德在生活中所经历的"迷途"与"正道"表现于一个最可令人注意的现象。这现象就是他生活中历次的"逃走"。他的逃走是他浸沉于一种生活方式将要失去了自己时，猛然的回头，突然的退却，再返于自己的中心。他从莱布齐希大学法律逃向文学、绘画、自然科学，逃离了父亲为他预先设计的道路；他在莱布齐希大学身心破产后逃回故乡；他历次逃开他的情人弗利德利克、绿蒂、丽莉等；他逃到魏玛，又逃脱魏玛政务的压迫走入意大利艺术之宫。他又从意大利逃回德国。他从文学逃入政治，从政治逃入科学。老年时且由西方文明逃往东方，借中国印度

---

①《歌德的〈少年维特之烦恼〉》，《宗白华全集》第2卷，安徽教育出版社1994年版，第28页。

> 波斯的幻美热情以重振他的少年心。每一次逃走,他新生一次,他开辟了生活的新领域,他对人生有了新创造新启示。他重新发现了自己,而他在"迷途"中的经历已丰富了深化了自己。他说:"各种生活皆可以过,只要不失去了自己。"歌德之所以敢于全心倾注于任何一种人生方面,尽量发挥,以致有伟大的成就,就是因为他自知不会完全失去了自己,他能在紧要关头逃走,退回他自己的中心。这是歌德一生生活的最大的秘密。①

歌德每经历一种生活,都以极大的热情投入其中,但是人性的致命弱点又很快使他厌倦既得的一切。于是他就会"逃回"自己,退回自我的中心,同时开辟新的生活。宗白华从歌德的这一"秘密"里发现了更深的意义,表现在"他带给近代人生一个新的人生情绪",就是对"生命本身价值的肯定"②。一方面是事业的求索,一方面是现实的羁绊;一方面是情感的奔流,一方面是理智的规范。二者辩证地发展着,统一于歌德的一生中。

歌德人生中一切矛盾之最后的矛盾就是流动不息的生命与圆满和谐的形式的统一。宗白华认为歌德在思想上、生活上受到了斯宾诺莎泛神论的影响,但是他又超越了斯宾诺莎的机械论的、几何学的宇宙观,而体验到的是"动的创造的宇宙人生",即对流动的艺术与流动的人生的追求,而歌德的诗歌就是他在追求流动的生命中所产生的矛盾痛苦的解脱。通过对歌德诗歌的分析,宗白华发现,一方面他的诗是其苦闷生活和苦闷内心世界的流露;另一方面,这种沉重的心灵在诗中化作节奏、形式,组成音乐的和谐,迷

---

①《歌德之人生启示》,《宗白华全集》第2卷,安徽教育出版社1994年版,第5页。
②《歌德之人生启示》,《宗白华全集》第2卷,安徽教育出版社1994年版,第5—6页。

途苦闷的人生因此而获得了清明的自觉。在歌德的诗中,不仅情与景完全融合在一起,而且情境又同词句章节完全融合在一起。“因世界是动的,人心也是动,诗是这动与动接触会合时的交响曲。所以歌德诗人的任务首先是努力改造社会传统的,用旧了的文字词句,以求能表现出这新的动的人生与世界。”①宗白华把歌德看作文艺复兴以来追求流动人生的最大代表,他的生命、他的世界是一种激越的“动”。他感觉传统的语言不足以表现这“动”的世界,于是创造了大量的新的字眼、新的句法来表现这新的“动”的人生情绪。歌德的生活和他的创作都是以“动”为主体的,个体生命的“动”热烈地要求与自然造物主的“动”相接触、相融合,因此在他的诗中表现出“热情主义唯动主义的泛神思想”②。同时,宗白华还指出,在歌德的“动”的生命中同时也包含着对和平宁静的渴望。生命是流动无尽又蕴含秩序、形式定律和轨道的,是不断变迁和渴望停驻的矛盾,是大力推移、欲罢不能的矛盾,歌德的人生就是尽量展示这种矛盾并将之作为人生中必不可少的过程。

宗白华早期对这种“动”的艺术和人生非常喜爱。在看了罗丹雕塑以后,他极力凸显罗丹艺术中的“动象”“生命”“精神”等内涵,并把它们看作一切美的根源和自然万物的本体。“自然万象无不在‘活动’中,即是无不在‘精神’中,无不在‘生命’中。艺术家要想借图画、雕刻等以表现自然之真,当然要能表现动象,才能表现精神、表现生命,这种‘动的表现’,是艺术最后目的。”③罗丹的艺术作品中表现出的精神是一种宇宙生命中生动创化的“动”,这种“动象”于艺术作品中是在“从一个现状转变到第二个现状”的过程中表现出来的,在这一过程中,我们会看到“第一现状过去的痕迹和第二

①《歌德之人生启示》,《宗白华全集》第2卷,安徽教育出版社1994年版,第17页。
②《歌德之人生启示》,《宗白华全集》第2卷,安徽教育出版社1994年版,第21页。
③《看了罗丹雕刻以后》,《宗白华全集》第1卷,安徽教育出版社1994年版,第312页。

现状初生的影子”。[①] 这一瞬间包含着宇宙的真相、生命的意蕴以及隐藏在自然背后的一切不可思议的东西。“动”是精神的美，“静”是物质的美，世上没有完全静止的东西，所以真正伟大的艺术家总是在作品中表现“动”。宗白华在对中国艺术的研究中同样发现了一种“动”的精神，即中国绘画中的“气韵生动”。宗白华还把艺术同哲学、科学、道德、宗教等进行比较，发现只有艺术能深入生命节奏的内核，表现生命内部最深的“动”。由于艺术和审美能够充分展示哲学所缺乏的生命力，这也决定了宗白华必将从哲学领域转向艺术、美学的研究。

青年宗白华对柏格森的生命哲学情有独钟。生命哲学中的那种大化流行、万物生生不息的创化精神，在“绵绵创化”中去窥测大宇宙的真相，对宗白华有很大的吸引力。他认为这种精神同样在歌德的人生中被充分表现了出来，歌德青年时代表现出来的正是永恒的生命创造力。他的兴趣、人生经历、感情都处在不断的变换之中。他在各种人生里不断地否定自己、超越自己，不断去开创新的生活，歌德的一生就是这种精神的活的化身。宗白华希望用这种精神来改造当时的青年：“伟大入世的精神，创造进化的意志，最适宜做我们中国青年的宇宙观。”[②]他认为青年的生活应该是奋斗的和创造的，而我们创造小己人格的最好方式就是投身到大宇宙的自然境界里，陶冶我们的人格胸襟。

在对生命意义的追问中，不可避免地会遇到这样的问题：注重个体完满发展的同时如何与社会的发展相协调？怎样使个体的精神和需求和谐发展？怎样使个体的自由伸张与社会道德均衡相协调？这是“浮士德精神”当

①《看了罗丹雕刻以后》，《宗白华全集》第1卷，安徽教育出版社1994年版，第313页。
②《读柏格森“创化论”杂感》，《宗白华全集》第1卷，安徽教育出版社1994年版，第79页。

中的核心命题，是个人发展与社会发展之间的关系问题，亦即以个人发展为前提还是以一切人的发展为前提的问题。宗白华将浮士德视为歌德的替身，并且将其一生的生活与近代精神联系起来，试图揭示出问题的实质并寻找解决的途径。

宇宙是无数活跃的精神原子，每一个原子顺着内在的定律，向着前定的形式永恒不息的活动发展，以完成实现他内潜的可能性，而每一个精神原子是一个独立的小宇宙，在他里面像一面镜子反映着大宇宙生命的全体。①

宗白华从歌德的人生经历中获得启示：宇宙或曰社会是由无数的个体构成的，每个人都有自己的发展轨迹，并且沿着这一轨迹努力实现自己最完美的人生状态，但同时也要与整个社会的发展和谐一致；同时，个体的发展又在一定程度上反映了整个社会的发展轨迹。歌德及其替身浮士德的经历就明显地代表了文艺复兴以后的社会生活以及近代人的心灵世界及其内在问题。近代人失去了希腊文化中人与宇宙的和谐，又失去了基督教的信仰，精神上虽然自由了，却又陷入彷徨、苦闷之中无法自拔，欲在生活本身找到人生的意义与价值。但是在人生前进不息的追求中，终将对所获得的一切不满足，悲哀和苦恼也由此而产生。歌德与浮士德就是尽量去体验近代人的特殊精神生活，了解其悲剧并努力解决之。传统观点认为，浮士德的生活悲剧来源于“对一切都不满意，对一切都负心”的人性本质，歌德在其作品《浮士德》中对这一人生观进行价值重估，认为人生的最大意义正在于这永恒的努力与追求之中，“以前他愿意毁灭，因为人生无价值；现在他宁愿毁

①《歌德之人生启示》，《宗白华全集》第2卷，安徽教育出版社1994年版，第7页。

灭,假使人生能有价值”[①]。人置身于世界之中,认识了世界也认识了自己。世界给予人生以丰富的内容,人生给予世界以积极的意义,人与世界由此达到最高的和谐。在宗白华看来,这也许就是近代人在失去上帝、失去宇宙以后,通过自身的努力找到的人生问题的最好解决方法。

宗白华在分析作品《浮士德》时将之与歌德的人生经历联系起来,因为对于歌德来说,艺术与人生、艺术世界与现实世界是无法剥离的,他的所有作品“仅只是一部巨大的自白的一个个片断”[②]。在读了歌德的《少年维特之烦恼》后,宗白华看到这部小说其实就是歌德青年时代的生活经历和思想感情的反映,以及借主人公之口所发出的个人自白;而要深刻理解维特的思想和经历,也需结合着青年歌德独特的生活经历来进行。而所谓的浮士德精神首先是指将艺术的人生与人生的艺术有机结合起来的过程。宗白华重点分析了歌德的代表作——《浮士德》。首先,浮士德因为追求知识没有任何结果,于是他投身于现实生活中,并走向了恋爱这个现实生活的顶点,但是因为他不甘于既得的生活,始终向前不停,于是他的恋爱也成为悲剧。这一部分内容“肯定人生为最高的价值,最高的欲望,但同时也是最大的问题”,纯悲剧结局旨在说明“人生是将由他内在的矛盾,即欲望的无尽与能力的有限,自趋于毁灭”[③]。而当歌德的生活发生了重大转变,他在意大利获得了生活的新途径以后,也使自己剧本中的浮士德得救了。歌德遍历艺术、政治、文学,完成了各种人生经历,最后形成了他的博大人格,而歌德的替身浮士德也是经过知识追求的幻灭走进恋爱的罪过,又从真美的憧憬走向实际的事业。其次,浮士德人格的中心是无尽的生活欲和无尽的知识欲。他认识

---

①《歌德之人生启示》,《宗白华全集》第2卷,安徽教育出版社1994年版,第13页。

②杨武能:《走进歌德》,河北教育出版社1999年版,第46页。

③《歌德之认识》,《宗白华全集》第2卷,安徽教育出版社1994年版,第12页。

到个体生命在宇宙大生命面前的渺小，于是欲投身于生命的海洋中体验人生的一切。“不管他是苦是乐，超越一切利害的计较，是有生活的价值的，是应该在他的中间努力寻得意义的。”①当浮士德上下求索，在生命之烛见跋时，他抱着高度幸福感享受这个最美妙的瞬间，喊出“你真美呀，请停一停”，随后便倒下溘然长逝。宗白华将歌德的这种超越一切利害计较的人生体验看作一种艺术的、审美的体验，在一瞬间的美感体验中个体已经超越了自身的局限而扩展为整个人类，浮士德难题由此获得解决。因此，浮士德精神又表现为审美的世界与审美的人生的统一。在这里，艺术和审美被作为个体的完满发展与社会发展相协调的中介，从而成为近代人心灵生活的归宿和内在问题的解决途径。

宗白华希望通过对歌德或浮士德的研究找到解救当时中国青年的办法乃至解决当时整个社会出路问题的办法，就是说他在阐释浮士德精神时并不是觉得其艺术性如何，而是将之与实际的生活和实际的人生加以联系，这也使得他对浮士德精神的审美阐释获得了当下意义。在时代发生重大转变的时刻，人们迫切需要建立起新的思想信仰和价值观念来适应这种变革，不可避免地会发生相应的改变，需要确立新的人生观和价值追求。宗白华提倡“唯美的眼光”“研究的态度”“积极的工作”②。他将唯美的人生态度放在第一位，希望现实的人生就像艺术品一样完美。“这种艺术人生观就是把‘人生生活’当作一种‘艺术’看待，使他优美、丰富、有条理、有意义。”“有人说，诗人歌德的人生，比他的诗还有价值，就是因为他的人生同一个高等艺术品一样，是很优美、很丰富、有意义、有价值的”。③ 歌德的一生就是将人生

①《歌德之认识》，《宗白华全集》第2卷，安徽教育出版社1994年版，第12页。
②《青年烦闷的解决办法》，《宗白华全集》第1卷，安徽教育出版社1994年版，第178页。
③《青年烦闷的解决办法》，《宗白华全集》第1卷，安徽教育出版社1994年版，第179页。

当作艺术品的创作,而他的艺术作品也是他遍历人生诸种风情之后的结晶。由此宗白华提倡一种艺术化的人生和人生的艺术化,并把审美和艺术作为解救个体的最主要形式,认为艺术可以使人超越自身,而与整个社会融为一体,可以使人超越小己之得以观大我、观宇宙之我,从狭窄的个体心理流程走向众人、走向社会。

四、感受生命哲学的魅力

1920—1925 年宗白华在海外求学的这一时期,正是西方生命哲学方兴未艾的时候。生命哲学把生命和人的精神生活作为哲学研究的对象。在技术和理性主义渗透到整个人类社会生活的时代里,以张扬人的内在生命为己任的生命哲学一度成为欧洲哲学的显学。由于它的某些思想与中国传统生命哲学有许多相通之处,所以在 20 世纪初成为中国知识分子争相研习的对象。他们希望通过对生命哲学的研究,来思考中国的出路和人生归宿问题。本来就重视生命问题的宗白华,对流行于当时的生命哲学表现出了格外的关注。他将狄尔泰、西美尔、斯宾格勒的观点整合在自己的艺术人生化与生命诗意化的思想当中,认识到只有生命哲学才可以将中国美学的生命意义从僵化的传统思想中解放出来;只有艺术的人生才是真正的人生,只有艺术可以拯救现代人的灵魂,使其重返精神家园。

在 20 世纪 20 年代发表的《新诗略谈》(1920)、《新文学底源泉》(1920)、《美学与艺术略谈》(1920)、《艺术生活》(1921)等一系列美学、艺术学文章以及后来为授课而写成的美学、艺术学讲稿中可以看出,宗白华将自己的美学定位在人生美学与文化美学上,在对审美方法、艺术创造、艺术体验等美学的核心问题的探讨上,明显带有生命美学和新康德主义的痕迹。

宗白华主张艺术的人生化和人生的艺术化，认为艺术不只是具有美的价值，且富有揭示人生的意义、深入人的心灵的影响。艺术问题首先是人生问题，艺术是一种人生观，艺术式的人生才是有价值、有意义的人生。从当时现实生活需要出发，他把审美和艺术作为解救人生的最主要形式，认为艺术可以使人超越自身而与整个社会融为一体。他说："什么叫艺术的人生观？艺术人生观就是从艺术的观察上推察人生生活是什么，人生行为当怎样？"进而又提出："什么叫艺术的人生态度？这就是积极地把我们人生的生活，当作一个高尚优美的艺术品似的创造，使他理想化，美化。"他的结论是：艺术创造的过程也就是生命创造的过程。"从艺术的观察上推测人生生活是什么，人生行为当怎样"，所以"我们要明白生命创造的过程，可以先去研究艺术创造的过程"。① 在研究艺术创造过程的同时可以获得生命的意义。一件成功的艺术品是理想化、审美化的创造，它的每一个组成部分都是整齐优美、协调一致的。我们对待生活的态度也应该像艺术品的创造一样力求使它完美和谐，而美学的职责就是探寻使人的生活成为"艺术品似的创造"。

>>《宗白华美学与艺术文选》书影

宗白华还提出一个重要的美学范畴或曰美学批评的方法——同情。这成为他一生美学之旅的最基本的审美方式和生命最深刻的表现，他认为只有在艺术中才可以实现这种同情的人生。同情哲学观也是很多哲人的基本

①《新人生观问题的我见》，《宗白华全集》第1卷，安徽教育出版社1994年版，第207页。

观点。叔本华将人生行动的动因归结为三点——自利、害他、同情，并把同情之感看作道德产生的根源。"同情的了解"或曰"了解的同情"也是狄尔泰历史哲学所倡导的方法。按照狄尔泰的说法，生命（生活）是一个时间的流程，现在是我们的价值所在，若要研究历史，只能凭借对过去生活的体验和对自身生活的理解，来反思生活的价值和意义。叔本华的"同情的人生观"和狄尔泰的"同情的历史观"影响到宗白华对生命与艺术问题的思考，他在对审美与艺术的批判中运用的就是"同情"的批评方法。只有对历史采取"人同此心，心同此理"的"同情"态度，设身处地去体验彼时彼地的境地，才能够使历史获得当下的澄明。

> 艺术的生活就是同情的生活呀！无限的同情对于自然，无限的同情对于人生，无限的同情对于星天云月，鸟语泉鸣，无限的同情对于死生离合，喜笑悲啼。这就是艺术感觉的发生，这也是艺术创造的目的！①

在宗白华看来，同情是普遍的一种情感。艺术家面对自然界的星天云月和人生的悲欢离合，希望以艺术的形式再度体验这种美，需要"同情"；观赏者面对艺术作品时希望能设身处地地直感诗中的境界，需要"同情"；自然界和艺术品都蕴藏着无限的生命和无穷的美，只有我们同情的心才可以融入其中，去感受自然和艺术生命的律动。"同情"使个体把自己的生命投入普遍的人类社会情感当中，投入广阔的大自然当中，去体验人生世界博大永恒的生命创化。

在宗白华那里，"同情"是艺术美感发生的动机；生命哲学中的"生命"一词不仅仅是指个体的生命，而且还指共同的人类生命或生命本体；体验也不

---

①《艺术生活》，《宗白华全集》第1卷，安徽教育出版社1994年版，第316页。

单是生命内在的直观感受，同时还有超越生命的创造。“体验”是狄尔泰生命哲学中非常重要的一个本体论范畴，其德文为 erleben，是 leben（生命、生活）加上一个具有能动意味的前缀 er 构成的。可见，在狄尔泰那里，体验就是一种能动的生命活动，也就是个体的生命过程。宗白华也非常重视审美体验在艺术创作和欣赏中的重要作用，在写于 20 世纪 30 年代的《美学》《艺术学》讲稿中，他多次谈到这个问题。他指出，在西方美学史上，美感向来都是研究一种普遍的情感，但是从狄尔泰开始逐渐趋向于个体心理的研究，因为一切体验总是在个体心理层面上发生的，并且与个人的生存状态、需要和情绪有着不可分割的联系。所以审美体验是非常个体、非常特殊的，同时也是当下的、一次性的，具有不可重复性，这也使审美体验区别于一般的经验。宗白华认为艺术家的生命由三部分组成：遗传的禀赋、过去的经历、当前的经历。而“当前的经历”与狄尔泰的体验具有相同的所指，意即“当下的经验”。“各人当前之经历既受禀赋与过去经历之影响，故各艺术家之境界、心境、对象，亦绝不相同，由此则虽同一境地，同表现某境，而各艺术家之表现，亦遂因其生命内容而各不相似。”①“经历”是艺术家的一种特殊的情感，是艺术家全部生命的震动，然后通过语言和文字、符号和图画等外在的表现方式呈现出来，而艺术欣赏就是借助于艺术作品的外在表现对其中所蕴含的生命的一种再度体验，这种再度体验是一种积极的再创造活动，不是消极的接受。体验是艺术独有的，它是从情感的体验中发现真理与价值，从而与近代由于应付自然、利用自然而研究分析自然之科学知识相区别。

宗白华在艺术审美和创造的分析中，突出了艺术想象与体验的作用。狄尔泰以想象力的描述和分析作为他生命诗学（体验美学）的基础，突出了想象

---

①《艺术学》（讲演），《宗白华全集》第 1 卷，安徽教育出版社 1994 年版，第 545 页。

的诗意化特征和体验生活的审美价值。宗白华在对这个问题的看法上既受到康德的关于知性和想象力之间关系的观点的影响,同时也与狄尔泰把想象力的描述和分析作为美学的牢固基础的观点相关。在论述狄尔泰的《诗人的想象力》一书时,宗白华对狄尔泰把想象看作一切艺术的根本条件的观点表示赞同。“艺术家空想之能力特别发展,其与他人不同处,因其思想即存于其具体的空想中间,此其与政治家或哲学家不同处也。”①正是想象力的创造性及其所创造的新世界使诗和艺术区别于哲学和宗教。艺术想象有可能使人的生命突破功利性的现实处境,而达到对其意义反思的高度。天才之所以能够创作出优秀的作品,是因为他具有超出常人的丰富想象力。宗白华将天才的想象力的特点概括为:合乎逻辑的、真实可信的、完整的。如此,天才的创造才有可能将未来世界的无限远景引入人的有限生命当中去,使个体穿透日常生活的晦暗不明的状态,顿悟生命本体的意义。想象使艺术家的情感变得丰富,在一件微不足道的事物上也会投入全部的感情。在想象的世界中,可以调动和激活个体的所有生命力,使人的感觉成为审美的人的感觉,使过去、现在、未来瞬息相通。同时宗白华也认识到,艺术创作必须以体验为基础,通过想象力使生命的诸表象得以形成。只有进入体验状态,艺术想象才能得以维持。

在关于审美方法问题的论述上,宗白华主张审美静观、审美体验、审美幻想等等。艺术的审美境界是一种感官的境界,它与日常生活中人们对事物的感受不同。日常生活中与人发生关系的事物,是能够激起人的某种欲望的东西,然而艺术是要人静观领略,不生欲心的。只有超脱了日常生活的功利实用的境界,艺术才可以自成一个独立的有机体,在人生中自成一世界,表现丰富复杂的人类生命。只有在最自然、最真实的观照中,事物才会

①《美学》,《宗白华全集》第1卷,安徽教育出版社1994年版,第487页。

显出最原本的面目，显示出它那被掩盖的内在生命与精神。宗白华在《美学》笔记中，表达了这一观点：

> 有价值之艺术，必表现个性，不能用科学方法研究之；艺术之有价值者，无论如何，必免不掉个性，如音乐、图画、诗歌，个性均占重要位置，美学家欲研究此层，只有用直观与描写方法，不能用科学方法，不能得普遍的概念或原理也。①

宗白华分析了艺术的创造过程，指出这一过程是艺术家的一种直观产物，艺术家创造的世界是一种在直觉世界里直观具体的对象，在审美的直觉里去寻找无限的生活意蕴的世界。同时，宗白华也认识到艺术创造是非常复杂、变化莫测的一种情感活动，适用于所有艺术的普遍原则是不存在的。所以他认为科学的研究方法不适用于艺术，而只能用直观与描写的方法，在异中求同。

>> 书斋里的学者

除了艺术和审美问题以外，技术理性以及由此带来的现代性精神危机问题也是这一时期宗白华所关注的一个重要内容。留学德国期间他亲

①《美学》，《宗白华全集》第1卷，安徽教育出版社1994年版，第452页。

眼目睹了自然科学的发展给人类带来的种种灾难,后来又亲历了日本帝国主义在1937年发动的侵华战争,看到全世界都在运用最新式的武器从事族类之间的大屠杀。作为一个人文知识分子,他希望通过对技术理性的批判和质疑,发出自己微弱的声音,以引起社会的关注和疗救的可能。在《近代技术的精神价值》一文中,宗白华由分析德国生命哲学家斯宾格勒的技术观入手,从文化的整体上来思考技术与艺术的关系问题,对技术的正负面效应、技术与哲学、技术与艺术等的关系提出自己的看法。斯宾格勒用艺术史家和诗人的眼光来看待人与技术的关系,认为技术其实是一种非常古老而普遍的社会现象,而并不仅仅是制造机器和工具。技术要求人将全部的生命都投入其中,它是生命的一种内在形式,它使人在反抗自然的同时内在的自我得到体现和超越。所以要认识技术的内涵不是从技术制造的工具上去寻找,而是要从人的心灵、从人的内在精神方面去把握。

科技、发明、应用是人类文明进程中一个不断循环发展的链条,它包含了人类的目的、希望和幻想,是人类精神文化的一部分。但是在近代,技术的发展一方面加紧了人类之间的互助合作关系,将全世界统一在一个严密的大组织之下,同时也带来许多社会问题并导致了国际战争的发生,而且还将人类创造的无数历史文化毁于一旦,就这一点而言,科技理性使人类由文明退回到更加野蛮的状态。在宗白华看来,技术带来的不良后果完全是由于人类自己精神上、道德上的不足,经济制度和政治形式的不健全,没有对技术进行合理的控制和利用而造成的。

> 技术本是一种能力,是一种价值,它是人类聪明的伟大发现,科学树上生出的佳果。运用得当,是一切文化事业成功的因素,人类幸福可能的基础;运用不得当,在野蛮人的手中自然可以摧毁一切人类文化。

所以为福为祸，应用的当与不当，这个责任却不该由技术来负，而是应该由哲学来负的。①

科技本身是没有错的，错在使用者身上。运用得当它可以为人类谋求更大的幸福，运用不当它会摧毁人类的一切文明成果。科技理性带来的问题应该由哲学来解决，哲学的原意就是“爱智慧”，它将人类的智慧与技术集于一身。人类的发展离不开哲学和技术，“哲学确定人生的价值和理想，技术使它实现”②。在技术越来越占据人们生活主要位置的今天，哲学必须去了解它的意义与价值，确定它在人生中的地位。“技术能服役于人类真正的文化事业，服役于‘创造的冲动’而不服役于‘占有的冲动’，才是人类的幸福而不为人类的灾祸。”③宗白华希望哲学可以将技术引导到有利于人类发展的一面，因为当时的中国经济还处于非常落后的状态，迫切需要发展科学技术。所以，他并没有像“西方马克思主义”学派的一些理论家那样只看到科技理性的负面效应，并对其彻底地否定和批判，而是分析技术在人类生活中存在的合理性和进一步发展的可能，并乐观地认为我们中华民族是一个富有哲学理想的高尚的民族，因而能够克服科技理性带来的危害。

同时，宗白华还对技术与艺术的关系问题作了分析。在他看来，艺术和技术是人的两种不同生命形态的反映。科学技术是为满足人的实际生活目的和需要而服务的，而艺术则是人生情感的一种流露，“一方面是实用，一方面是表现，一是偏于物质，一是偏重心灵。一是需要客观的冷静的知识，一

---

①《近代技术的精神价值》，《宗白华全集》第2卷，安徽教育出版社1994年版，第165页。
②《近代技术的精神价值》，《宗白华全集》第2卷，安徽教育出版社1994年版，第167页。
③《近代技术的精神价值》，《宗白华全集》第2卷，安徽教育出版社1994年版，第167页。

是表达主观的热烈的情绪”①。尽管这二者有许多不同的地方，但宗白华始终把技术与艺术看作一个共同体。他认为，人类比其他动物高明的地方就在于他能够对宇宙获得一个系统的整体认识，并且可以利用技术手段控制宇宙，把握世界。与此同时，也产生了思考万物之源的哲学和欣赏自然图景的艺术心灵。艺术与科学向来就是不可分的，艺术原本就来自于技术，含有技术。比如我国古代制造的石器、石斧、玉器、铜器等上面均有花纹，既有实用的功能又有审美的功能，还有我们今天的许多艺术形式都必须借助于科技传播媒介得以实现。可以说，在今天，艺术对技术的依赖更加明显。艺术与技术创造的都不是自然的东西，然而一切优美的艺术却都可以给人以自然的感觉并可表达出人类的灵魂，所以在今天要克服技术给人类带来的负面效应，必须给予技术以精神的意义。值得注意的是，在对技术与艺术的关系问题上宗白华显示出与狄尔泰不同的看法来，他们虽然都赞同艺术可以表达人类生命的内在情感，可以担当人类灵魂追问的职责；但是狄尔泰认为艺术是关乎人的内在生命的东西，而技术关心的是人的外在的物质生活，二者毫不相容，所以他极力要为自然科学和精神科学划清界限。宗白华虽然也认为这两者之间有着本质的区别，并且也反对用自然科学的方法来研究艺术和美学，但是他认为技术中包含着文化精神的力量。他力图给予技术以精神的意义，给技术以美感，使之共同联系成一个人类文化生活的中轴，构成人类文化生活的中心。艺术与技术贯通，自然与文化调和，这是宗白华所憧憬的理想文化的类型。

青年时代宗白华对西方生命哲学的研习，对生命哲学观念的揭示和引用，同时也是一个改造和创化的过程。之后，宗白华逐渐形成了融西方生命

---

①《技术与艺术》，《宗白华全集》第2卷，安徽教育出版社1994年版，第181页。

哲学观与中国传统生命哲学观为一体的现代生命哲学观。中国传统生命哲学观是从中国人现世人生实践,生命感受、体验中得出来的,是未受现代工具理性污染的一种对生命的真实体验;而西方生命哲学观则是西方社会走向没落的产物,它是西方哲人对一味追求科学技术和物质文明而忽视人的精神生活和意志自由,所采取的一种不得已而为之的方法。宗白华旨在通过对西方生命哲学的研习,关注现代社会出现的种种症候,以此来改变现代人的人格,从而使整个人、整个民族、整个人类不再热衷于机械的人生、自利的人生。这无疑拓展了传统生命哲学的表现领域,而更多地具有了广阔的现实社会的内容。

第三章　中国审美主义的张扬

20世纪三四十年代，是国际社会动荡不安和国内政局变迁频繁的时代，这些都或多或少地影响到宗白华的学术道路和学术思考。这一时期也是宗白华步入创作力最旺盛的中年时期，他的学术研究也发生了重大转向：由西学反归国学，由青年时代的建设新文化以创建“少年中国”和热心研究西学转向了对中国审美主义的张扬，从一位哲学诗人走向了中年的体验美学家。回到宗白华身处的时代，可以看出他的这种转变有着深刻的时代和社会背景。以宗白华为代表的“五四”一代学人，在引进西方现代化，大力倡导用西式的科学、经济、文化、教育救国的同时，却没有从根本上深究西方现代性的意义观念和价值理性层面，使其在现代性转型过程中因欲速不达而备受苦果。于是，在20年代，这批留学欧美、日本的学者们从对传统文化的批判开始转向对传统文化的认同，由西学反归国学。这在宗白华身上表现得尤为明显。他在对中国哲学进行全面的梳理中，处处流露出倾慕和赞美之情。同时期发表的研究中国哲学、美学和艺术，甚至是奠定其中国美学史上大家地位的文章中，都可以看出宗白华已转向了具有现代精神的中国审美主义。作为体验美学大师的宗白华试图去重新发现中国哲学思想的内核和中国艺术的审美精神，并以此作为个体选择的精神家园。

一、对古代礼乐文化的推崇

宗白华对古代礼乐文化的论述主要集中在他的如下文章中：《孔子形上学》(1930)、《论格物》(1930)、《艺术与中国社会》(1947)、《中国古代的音乐寓言与音乐思想》(1961)等。宗白华从孔子的形上学思想入手，对先秦时代的礼乐文化做出了详尽的阐释。

中国先秦时代的审美情趣以"乐"为主，尤以儒家的礼乐思想最为著名。"礼"规定了君臣、父子、兄弟、夫妇、朋友之间的上下尊卑关系。"乐"属于与礼相配合的诗歌、音乐、舞蹈三者合一的艺术形态，用以缘饰具体的礼节规范。儒家的音乐美学从维护礼乐制度出发，对礼乐关系做了阐发。孔子的美学思想主要集中在音乐领域，孔子代表的是一种礼乐文化，他之所以能够在世界上成为中国文化的代名词，与其用理性精神来重新解释古代原始文化——“礼乐”是分不开的。宗白华在阐释孔子的哲学思想时虽然没有对其艺术文化思想给予更多的关注,但是在后来发表的研究中国美学史的文章中,则多次提到孔子的艺术与美学思想。宗白华非常推崇孔子,以及由孔子首创的、发端于古代乐教的和谐、空灵思想。孔子把礼乐精神融入政治观念、伦理感情和日常世间生活之中,并舍弃其抽象的玄思成分。所以,在宗白华看来,孔子所秉持的是一种艺术式的人生与人生化的艺术的人生观,以及对现实生活积极进取的人生态度。

孔子是一个十分喜爱音乐、也是最懂得音乐的人。音乐固然是使孔子的生活审美化的重要因素,但孔子对音乐的喜好终身不倦却是基于他对“乐”的艺术精神的深刻理解。只要有音乐,他就可以“三月不知肉味”。孔子不仅欣赏音乐,还对音乐做过一番研究,发现了乐曲的构造过程:“乐,其可知也。始作,翕如也;从之,纯如也;皦如也,绎如也,以成。”(《论语·八佾》)起始,众音齐奏。展开后,协调着向前演进,音调纯洁。继之,聚精会神,达到高峰,主题突出,音调响亮。最后,收声落调,余音袅袅,情韵不匮,乐曲在意味隽永里完成。孔子的音乐天赋固然令宗白华叹服,但他更看重的是孔子用音乐来教化人的美育思想:“子谓韶,尽美矣,又尽善也。谓武,尽美矣,未尽善也。”(《论语·八佾》)音乐不仅要美,还要善;光美丽动听是不够的,还要求音乐对人的道德修养有更明确而直接的促进作用。在这里,艺术就不仅仅是外在的仪节形式,而必须诉之于感官愉快并具有普遍性,同时还必须与伦理性的社会情感相联系,与现实政治相关。所以孔子在晚年的时候“自卫反鲁,然后乐正,雅颂各得其所”(《论语·子罕》)。雅、颂是有关祭祀等重要仪典的庙堂诗,孔子都还他们以应有的位置,显然是承续了周公“制礼作乐”的事业,维护了传统的礼制。但是宗白华也不无遗憾地指出,“乐教”并没有真正延续传承下来,其重要性也早已丧失而逐渐沦为娱乐性的了。[1]

孔子这样重视音乐，了解音乐，他自己的生活也是音乐化了的。孔子的一生，就是在日日弦歌中度过的。“子于是日哭，则不歌”（《论语·述而》）。由此可见，除了那天孔子特别悲伤以外，他差不多每天都要弦歌。即使被困于陈蔡之野、有生命之厄的时候，孔子仍然“讲诵弦歌不衰”（《史记·孔子世家》），在危难之际，以音乐为精神安息之地。宗白华把孔子的这种音乐化的生活看作是“‘条理’规律与‘活泼的生命情趣’”[2]的结合，亦即审美形式与情感内容的结合。孔子对音乐的看法不仅是关于音乐的理论，在一定程度上讲是以音乐为代表的整个艺术美学思想。孔子说君子在“志道”“据德”“依仁”之后还要“游于艺”，意即在对自然的合目的性与合规律性有了了解和运用以后，才可以获得一种自由感与自由的愉悦。这既是一种艺术创造的感受，也是艺术审美的感受，所以孔子的人生无疑就是一种艺术化人生的典范。孔子虽然时常提醒人们不可忘掉礼法的真精神、真意义，但是对音乐的热爱、对自然美的欣赏又能使他超越于礼法之外去追求一种“形式与内容的统一，始条理和终条理，象一金声而玉振的交响乐”[3]。他所追求的治国平天下的最高境界恰好是个体人格和人生自由的最高境界，二者统一于将外在的礼转化为内在的仁的哲学基础上。所以，在孔子那里，仁学的最高境界不是别的，而是自由的境界、审美的境界，亦即孔子自夸和夸赞颜回“不改其乐”的人生境界。

在探讨艺术在中国社会发展中所起的重要作用时，宗白华仍然是从中

---

①参见《中国文化的美丽精神往那里去?》，《宗白华全集》第 2 卷，安徽教育出版社 1994 年版，第 403 页。

②《中国古代的音乐寓言与音乐思想》，《宗白华全集》第 3 卷，安徽教育出版社 1994 年版，第432 页。

③《中国古代的音乐寓言与音乐思想》，《宗白华全集》第 3 卷，安徽教育出版社 1994 年版，第432 页。

国文化的源头——孔子的思想着手，并对孔子的礼乐思想作了总体性的升华。在《艺术与中国社会》一文中，宗白华表达了“中国古代的社会文化与教育是拿诗书礼乐做根基”[①]的观点。在中国古代社会里，教育的主要工具和方法一个是诗和乐，一个是礼。诗和乐可以动之以情、晓之以理，潜移默化地影响到人的思想感情，而礼却教人在群体社会生活中养成遵守社会道德规范的美好品德。孔子把外在的强制性的礼乐制度，变为人的主动性的内在欲求，使礼乐服务于人本身的需要。宗白华把这种礼乐文化与中国人的感性生命联系起来考察。

> 中国人在天地的动静，四时的节律，昼夜的来复，生长老死的绵延，感到宇宙是生生而具条理的。这“生生而条理”就是天地运行的大道，就是一切现象的体和用。孔子在川上曰：“逝者如斯夫，不舍昼夜！”最能表出中国人这种“观吾生，观其生”的风度和境界。这种最高度的把握生命，和最深度的体验生命的精神境界，具体地贯注到社会实际生活里，使生活端庄流丽，成就了诗书礼乐的文化。[②]

中国人感到整个宇宙都是大化流行、生生不已的创化过程，体现着宇宙社会生活中的美感特质。宗白华从“生生而有条理”的生命哲学观出发，认为人类社会生活的礼乐反射着天地生活的和谐，中国艺术的一切境界都是以此为基础的，所以在中国艺术中缺少悲剧精神，而以和谐代表着人与自然、人与世界的关系。

---

①《艺术与中国社会》，《宗白华全集》第2卷，安徽教育出版社1994年版，第410页。
②《艺术与中国社会》，《宗白华全集》第2卷，安徽教育出版社1994年版，第410—411页。

礼、乐是中国文化的两大基石，代表天地之序的礼与代表天地之和的乐“负荷着形而上的光辉，使现实的人生启示着深一层的意义和美”①。但是形而上的道需要贯注入形而下的器，形而上的礼乐文章也寄托于礼器乐器之中，它们可以将人生中那些实用的、物质性的东西分别带入艺术领域之中，这反映了中国传统哲学中体用不二的特点。西方哲学严格区分现象与本体，认为现象界可知但虚假不真，本体界真实但不可知。中国哲学则认为本体就存在于现象之中，二者不会截然分开。所以道不离伦常日用，日常生活本身就是有意义的，是本体的道之所在，只要在日常生活中进行道德修养，就会达到圣人的体道境界。宗白华由此推断，在中国文化最底层的物质器皿中也具有礼乐的文化精神，从石器时代的石斧、石磬，到夏、商、周的青铜器，那端庄流丽、底蕴深厚的精神境界，正是中国建筑、汉赋唐诗、四六文体以至于八股文的理想典范。宗白华还认为这些礼器乐器中之所以具有文化精神，主要是因为“中国人对他的用具（石器铜器），不只是用来控制自然，以图生存，他更希望能在每件用品里面，表出对自然的敬爱，把大自然里启示着的和谐，秩序，它内部的音乐，诗，表现在具体而微的器皿中”②。中国人的社会生活实践，决定了艺术的审美实践，中国古代的美学思想更是在总结艺术创作实践的基础上产生的，反过来这些美学理论又推动着艺术的创作。因此，研究中国古典审美理想，就不能忽视对中国人在日常生活中丰富多样的礼器、乐器中所蕴藏的美学思想的研究。

由上述论证可以看出，宗白华在论述孔子的礼乐思想时是从两个角度入手的：首先是作为一种艺术形态的音乐，宗白华主要谈的是孔子的音乐素

①《艺术与中国社会》，《宗白华全集》第2卷，安徽教育出版社1994年版，第411页。
②《艺术与中国社会》，《宗白华全集》第2卷，安徽教育出版社1994年版，第412页。

养和音乐教学经验;其次是与礼并举起补充、强化作用的雅乐,就这个层面而言,宗白华关注的是孔子用音乐来感化人的教育作用。他对孔子音乐思想的关注,将音乐性看作中国哲学、文化和艺术的主要特点,把它与中国人“生生不已”的宇宙观紧密联系在一起,主要在于强调传统礼乐精神并没有成为已然过时之物,在现代社会生活中音乐对于人格的改造和精神的启迪仍然具有重要的现实意义。

二、崇尚晋人之美

中国传统文化一直以和谐型的礼乐文化为主要发展趋势,但是到了魏晋时期,却出现了重大的转折,这就是魏晋玄学的出现。中国思想文化史上有名的“魏晋玄谈”是中国继先秦以后的又一次哲学思辨的高潮,但是在注重实用济世的文化传统的阴影之下却代遭詈骂。直到20世纪20年代,鲁迅才从时代风尚、思想发展和文学创作等方面,对魏晋风度予以肯定性的评价;30年代,蔡元培也认为“魏晋清谈”可以作为美育思想资料;宗白华也在同一时期以“唯美的眼光”发现了晋人的美。在《论〈世说新语〉和晋人的美》《清谈与析理》等文章中,宗白华把魏晋南北朝看作与西欧文艺复兴在文艺史上起着同样重要作用的一段历史时期。“汉末魏晋六朝是中国政治上最混乱、社会上最苦痛的时代,然而却是精神史上极自由、极解放,最富于智慧、最浓于热情的一个时代。因此,也就是最富有艺术精神的一个时代。”这个时期,既不像汉代那样“在艺术上过于质朴,在思想上定于一尊,统治于儒教”,也不像唐代那样“在艺术上过于成熟,在思想上又入于儒、佛、道三教的支配”。“只有这几百年间是精神上的大解放,人格上、思想上的大自由。人心里面的美与丑、高尚与残忍、圣洁与恶魔,同样发挥到了极致。”魏晋时代是个体人格与人的本能欲望极度张扬的时期，也是艺术和审美获得高度重视的时代。①

宗白华通过对晋人在哲学、美学、艺术、道德、伦理、政治等方面的精神境界和美的特征的考察，归纳总结出“晋人之美”的八大特点，对由此体现出的晋人自由旷达的人格风度表达了发自深心的赞美。

> （首先，）魏晋人生活上、人格上的自然主义和人性主义，解脱了汉代儒教统治下的礼法束缚，在政治上先已表现于曹操那种超道德观念的用人标准。一般知识分子多半超脱礼法观点直接欣赏人格个性之美，尊重个性价值。
>
> （其次，）晋人以虚灵的胸襟、玄学的意味体会自然，乃能表里澄澈，一片空明，建立最高的晶莹的美的意境！
>
> （第三，）晋人向外发现了自然，向内发现了自己的深情。山水虚灵化了，也情致化了。
>
> （第四，）这种精神上的真自由、真解放，才能把我们的胸襟像一朵花似地展开，接受宇宙和人生的全景，了解它的意义，体会它的深沉的境地。近代哲学上所谓“生命情调”“宇宙意识”，遂在晋人这超脱的胸襟里萌芽起来。
>
> （第五，）晋人的“人格的唯美主义”和友谊的重视，培养成为一种高级社交文化，如“竹林之游，兰亭禊集”等。
>
> （第六，）晋人之美，美在神韵。……这是一种心灵的美，或哲学的美，这种事外有远致的力量，扩而大之可以使人超然于死生祸福之外，

---

①《论〈世说新语〉和晋人的美》，《宗白华全集》第2卷，安徽教育出版社1994年版，第267—268页。

发挥出一种镇定的大无畏的精神来。

(第七,)晋人的美学是“人物的品藻”。……这两方面的美——自然美和人格美——同时被晋人发现。

(第八,)晋人既从性情的直率和胸襟的宽仁建立他的新生命,摆脱礼法的空虚和顽固,他们的道德教育遂以人格的感化为主。①

晋人的人格之美主要表现在他们“向外发现了自然,向内发现了自己的深情”②。在宗白华看来,向外的大宇宙与向内的小宇宙、自然的美和人格的美同时被晋人所发现。以人格个性为最高原则的价值取向使得他们强烈要求摆脱汉代儒家统治下的礼法观念的束缚,肯定自我价值的重要性,张扬个性主义和人格至上的原则。宗白华还发现,晋人的这种自由的人格精神与西方现代生命哲学有颇多相似之处,生命哲学中的“生命情调”“宇宙意识”等现代审美意识早在晋人的超脱胸襟中就已萌芽。正是这种在精神上追求真自由、真解放的个体人格,使得晋人能够以同情的眼光和潇洒坦荡的胸襟来“接受宇宙和人生的全景,了解它的意义,体会它的深沉的境地”③,同时又具有“群籁虽参差,适我无非新”(王羲之《兰亭修禊诗》)的颇具泛神论色彩的生命意识,以新鲜活泼、自由自在的心灵去接近大自然,领悟这世界,使目击的一切异己事物都呈现出新的灵魂、新的生命。

晋人不仅以个体的自由去亲近自然,同时也能以同情的眼光对待他人,晋人对友谊的重视使“清谈与析理”之风盛行的“高级社交文化”得以形成。在没有过多的制度束缚、没有皇家钦定的标准下,当时的思想文化领域比较

①《论〈世说新语〉和晋人的美》,《宗白华全集》第2卷,安徽教育出版社1994年版,第268—282页。
②《论〈世说新语〉和晋人的美》,《宗白华全集》第2卷,安徽教育出版社1994年版,第273页。
③《论〈世说新语〉和晋人的美》,《宗白华全集》第2卷,安徽教育出版社1994年版,第274页。

自由开放，论争争辩的风气也就非常盛行了。被后世诟病的魏晋人的清谈之风，在宗白华看来，却正是晋人特有的“逻辑的头脑，理智的良心和探求真理的热忱”的表现，而由“论天人之际”的形而上学的探讨达到知识论的追求，则是魏晋人共谈析理的最后目标[①]。魏晋成为一个突破数百年的统治意识，重新寻找和建立理论思维的解放时代，它在思辨哲学方面所达到的高度是空前的。同时，在晋人那里，玄学辩论这种枯燥无味的哲学探讨已经成为一种给人快乐的游戏。宗白华还站在世界文化的高度对晋人这一特殊的思想传播和文化交流的方式给予评析。运用座谈辩难的方式来进行哲理的探讨，这在古代东西哲人那里达到惊人的相似。无论是西方柏拉图用对话体方式写成的《理想国》，苏格拉底的街头论道，还是古印度学者的哲学辩论，记载孔子言行和思想的《论语》等等，都“显出他们活泼飞跃的析理的兴趣和思辨的精神”[②]。在宗白华看来，晋人的这种“辞约而旨达”的析理之风表现出一种深刻的宇宙意识和生命情调。面对大化流衍，一息不停的宇宙运行规律，孔子在川上发出“逝者如斯夫”（《论语・子罕》）的感慨，桓温备受摇落之悲，卫玠也“对此茫茫，不觉百感交集”（刘义庆《世说新语・言语》），王孝伯叹赏古诗“所

>>《宗白华全集》书影

①参见《清谈与析理》，《宗白华全集》第2卷，安徽教育出版社1994年版，第309页。
②《清谈与析理》，《宗白华全集》第2卷，安徽教育出版社1994年版，第310页。

遇无故物,焉得不速老"(刘义庆《世说新语·假谲》)。而晋人在与友人的清谈与析理之中唤醒了人类的宇宙与生命意识,以其独有的艺术气质使得这种共谈析理变成一种艺术式的人生与艺术式的创造,成为一种带有审美性质的智慧、才情、风度、语言的表演。玄谈之风推动了晋人对主体内在精神性的认识,并将个体性的存在推向了至高无上的地位。

在宗白华看来,晋人关于"人的觉醒"的宇宙意识在文化领域与审美领域中表现得最为敏感、直接和清晰。体现"人的觉醒"思想的哲学基础就是玄学,其基本原则是尊重个体人格,肯定人的情感价值,肯定自然人性。这种对人的个体性的张扬反映在美学上,便是要求艺术创作在内容上与哲学本体论的追求一致,展现为人与道、人与自然的同一;在形式上则是用形象来谈玄论道和描绘景物。这种哲学意味也成为中国古典美学中一以贯之的美感观念,并在中国的山水画、山水诗中被鲜明地体现出来。晋人认识到自然山水中有一种无形、无声、无味然而又至高至圣的道或者说玄的存在,所以在游玩山水的过程中诞生了谢灵运的"初发芙蓉,自然可爱"的山水诗、顾恺之的山水画以及他著名的"绘画六法"理论。晋人在创作山水画的过程中去寻找"澄怀观道"的美学意趣,最后达到"迁想妙得"的目的。"澄怀",即老子所说的"涤除玄览",庄子所说的"斋以静心",以这样一种寂静虚极的心境去领悟道,最后一定能够领悟到道的奥妙。由对山水的热爱自然也会傍及对山水画的热爱,因此欣赏山水画和游览山水所获得的审美乐趣与悟道的快乐是一样的。

晋人的人格美与山水意境之间不可分割的联系是宗白华关注最多的地方。晋人的潇洒胸襟和流风余韵表现在他们对自然山水的热爱和欣赏,晋人的人格之美表现在他们追求精神解放、追求个性自由的艺术的心灵,使得他们在欣赏山水时能够“由实入虚，即实即虚，超如玄境”[1]。晋人一方面可以做到不受世俗世界的羁绊，不受物质欲望的役使，使自身具备深远的心灵志趣；另一方面也培养起哲理沉思的素养，从而能够揭示人生的意义，揭开世界的奥妙，引领身心进入“天人之际”，进而实现人格境界的升华。所以，晋人可以“以虚灵的胸襟、玄学的意味体会自然，乃能表里澄澈，一片空明，建立最高的晶莹的美的境界”[2]。“中国伟大的山水画的意境，已包具于晋人对自然美的发现中了”，正是晋人在发现山水意境方面的独特贡献，宗白华才将魏晋时期称作是“中国历史上最有生气，活泼爱美，美的成就极高的一个时代”。[3]

作为中国两千年礼法和道德体系的创造者，孔子的道德精神中具有一种真性情、真血性的赤子之心，扩而充之，就是仁，一切的礼法必将寄托于仁之上。孔子赞美狂狷而排斥乡愿，这样的主张在当时没有得到统治阶级的认可，但是魏晋人用自己的实际行动实现了孔子的理想。“魏晋人以狂狷来反抗这乡愿的社会，反抗这桎梏性灵的礼教和士大夫阶层的庸俗，向自己的真性情、真血性里掘发人生的真意义、真道德。”[4]晋人可以用自己的生命、地位、名誉，来反抗统治阶级假借礼教的名义以维护自身统治地位的恶劣行径。当这种反抗没有收到实际效应的时候，晋人纵酒佯狂，表面看来似乎是如此颓废、悲观，深藏着的恰恰是它的反面，是对人生、生命、命运、生活的强烈欲求和留恋。晋人用自己的真性情、真生命来对抗虚伪的礼法社会，他们为争取真实的人生和真实的道德而不惜成为历史的殉道者。在宗白华看来，晋人最主要的道德观就是蔑视封建礼教对人的强制和束缚，而更愿意从

---

①《论〈世说新语〉和晋人的美》，《宗白华全集》第2卷，安徽教育出版社1994年版，第269页。
②《论〈世说新语〉和晋人的美》，《宗白华全集》第2卷，安徽教育出版社1994年版，第269页。
③《论〈世说新语〉和晋人的美》，《宗白华全集》第2卷，安徽教育出版社1994年版，第278页。
④《论〈世说新语〉和晋人的美》，《宗白华全集》第2卷，安徽教育出版社1994年版，第281页。

生命本真出发,以人格感化为道德教育的主要手段。正是有了对外在权威的怀疑和否定,才有对内在人格的肯定和追求。晋人放弃了用条框的规章制度来僵化人的灵魂,而是用性灵的涵养和人格的培育来建立生命的新质。晋人用自己的血性生命达到了完美人格的极致。人们不一定要学那种放浪形骸、纵酒享乐的人生态度,而是被那种内在的才情、性貌、品格、风神吸引着、感召着。与两汉士人那样凭借外在的功业、节操、学问而流芳百世不同,晋人主要以内在的思辨态度和精神状态、以自我而不是外在事物,成为这一历史时期哲学和文艺的中心。

通过对晋人在哲学、美学、艺术、道德、伦理、政治等方面的精神境界和美的特征的考察,宗白华发现了晋人之美的八大特点,对由此体现出的晋人自由旷达的人格风度表达了发自深心的赞美。他认为魏晋时代与西方的文艺复兴一样在历史发展中起着重要的作用,魏晋艺术的简约玄远和超然绝俗,是矛盾、热情和富于生命色彩的时代精神的表现。同时,自文艺复兴以来西方人的“生命情调”“宇宙意识”也在晋人的质朴心灵中萌芽,晋人还向外发现了自然,向内发现了自己的心灵,并用充满生命精神的艺术来描绘这一切。从宗白华对晋人之美的评述中可以看出他的两个基本价值取向:其一,在他看来,理想的人格是以“不滞于物的自由人格,反抗虚伪礼教”的晋人人格为摹本的,充分表现出他对个体性的关注和对自由精神的向往;其二,他从审美和艺术的角度来建构理想的人格形象,这也是他一贯主张的“艺术化的人生”与“人生的艺术化”观念的延伸。理想人格的建构曾经是“五四”一代学人共同的目标,早在建设“少年中国”时期,宗白华就希望能够为新文化设立新的价值尺度,为当时的青年塑造理想的人格和完满的形象。20 世纪三四十年代,宗白华在写作这篇文章的时候,也是他人到中年之际,人只有到了这样的年龄段,“才能深切地体会到人生的意义、责任和问题,反省到人生的究竟，所以哀乐之感得以深沉”[①]。将人生与世界的意义了然于心，心底会获得一片澄明。尤其是经历了历史的重大变革，在国家的前途命运福祸未卜的情况下，赞美一种艺术的心灵、审美的人生，正是在现实的艰难困顿之中，以精神力量保持自身永不衰败的唯一途径。

三、追寻中国文化的美丽精神

中国古代的美学思想包含在丰富的文学艺术创作实践及其艺术理论著作之中，它有着自己独特的话语系统和对自然、生命、艺术的独特理解方式。在发表于1946年的《中国文化的美丽精神往那里去?》一文中，宗白华发出了“中国文化的美丽精神哪里去”的世纪之问。

如果说魏晋六朝艺术是转向人的内在心灵、以个性和思辨为主要特征，那么唐代艺术则是对有血有肉的人间生活的肯定与感受、憧憬与执著。一种丰满的、具有青春活力的热情和想象，渗透在盛唐文艺之中，即使是享乐、颓废、忧郁、悲伤，也仍然闪烁着青春、自由和欢乐，这就是盛唐艺术。它的典型代表是唐诗，而在宗教艺术中最典型的当属敦煌的壁画艺术。1935年，正值第二次国内革命战争时期，也是中日战争即将爆发的时候。当时的中国文坛，到处都是那些“唯我派”“象征派”的诗人们“坐在‘象牙塔’里，咀嚼着‘轻烟般的烦恼’”[②]。宗白华认为诗歌的颓废之风对于造成当时中国人的精神颓废之症有不可推卸的责任，他希望整个民族能够在一种精神力量的感召之下挺身而出，抵御外族的侵略。1935年，宗白华写下了《唐人诗歌中

---

①《论〈世说新语〉和晋人的美》，《宗白华全集》第2卷，安徽教育出版社1994年版，第275页。
②《唐人诗歌中所表现的民族精神》，《宗白华全集》第2卷，安徽教育出版社1994年版，第123页。

所表现的民族精神》一文，发表在《建国月刊》第12卷第13期上。他从文学与民族的关系，唐代诗坛的特质与时代背景以及初唐、盛唐时期的民族诗歌等方面，论述了文学对于民族性格、民族精神形成的重要性。在历代的民族战争中，一个民族的自信心始终是这个民族生存下去的重要条件，尤其是在一个民族将要危亡的时候，自信力往往可以将它从死亡的边缘中拯救出来。既然文学对一个民族命运具有如此攸关的重要意义，面对当时中国人的普遍意志沉沦问题，宗白华也不得不将希望投向文学这一强大的精神武器，试图找回大汉民族精神和华夏人格美。宗白华将唐代诗人的人格与其诗歌创作结合起来进行分析。杜甫经历了亲离子散的悲剧，所以他的诗歌中表现出强烈的非战意识、酷爱和平和人道主义的伟大的“诗圣”人格。而在内忧外患的晚唐时期，在国运危难之际，诗人本应或者本着杜少陵的“非战思想”，积极反对内战；或者“继着初唐、盛唐的诗人的出塞从军的壮志”①，歌咏慷慨激昂的民族精神。但是晚唐的诗坛却堕入颓废、堕落和不可救药之中。他们只去追求“修辞学的讲究”“字句的美术化”和“音律的婉转抑扬”②，在民族危难时刻，他们只为一己的欢乐，而忘掉了大众的痛苦，失掉了诗人的人格。对晚唐诗人的颓废没落之风，宗白华表示深深的叹息，

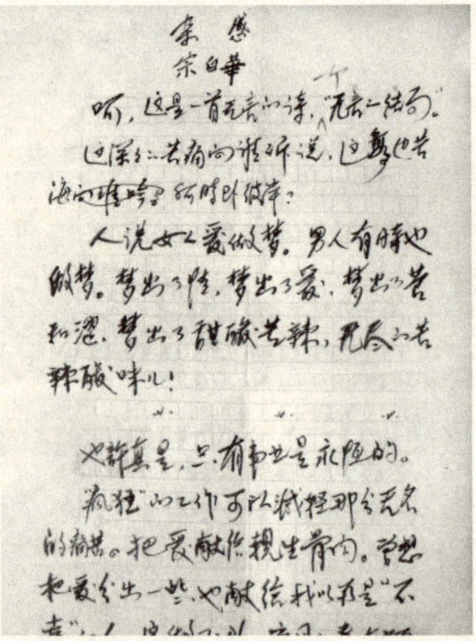

>> 宗白华手稿

①《唐人诗歌中所表现的民族精神》，《宗白华全集》第2卷，安徽教育出版社1994年版，第137页。

②《唐人诗歌中所表现的民族精神》，《宗白华全集》第2卷，安徽教育出版社1994年版，第140页。

在他看来，诗人的人格应该是与整个国家民族的命运联系在一起的。

在从唐代诗歌中寻找民族精神的同时，宗白华还发现了代表那个时代精神的艺术，这就是这一时期的佛教艺术。在发表于 1948 年的《略谈敦煌艺术的意义与价值》一文中，他将中国艺术的发展概括为三个方向：

>> 参观龙门石窟

> 第一个是礼教的、伦理的方向。三代钟鼎和玉器都联系于礼教，而它的图案画发展为具有教育及道德意义的汉代壁画（如武梁祠壁画等），东晋顾恺之的女史箴，也还是属于这范畴。第二个是唐宋以来笃爱自然界的山水花鸟，使中国绘画艺术树立了它的特色，获得了世界地位。然而正因为这“自然主义”支配了宋代的艺坛，遂使人们忘怀了那第三个方向，即从六朝到晚唐宋初的丰富的宗教艺术。①

反映宗教艺术的除了佛教的雕塑以外就是那些绚丽多彩、富丽堂皇的壁画。中国这些伟大的雕刻艺术与绘画艺术，其数量之多，地域之广，规模

①《略谈敦煌艺术的意义与价值》，《宗白华全集》第 2 卷，安徽教育出版社 1994 年版，第 416 页。

之大,造诣之深,都足以和希腊雕刻艺术相争辉。宗白华从艺术学的角度来考察敦煌艺术,认为它首先表现出的是一种“动”的精神境界和艺术理想。诸如敦煌壁画中的动物画,就是在形态万千的奇禽异兽中,迸发出一种淳朴而天真的原始生命力;其次,敦煌艺术最重要的特点还在于它以人物为表达对象和中心,它是人类的重要发现在艺术中的表现。宗白华拿敦煌艺术与希腊的人体雕像做比较,认为他们虽然都以人物为中心,但是却有着显著的分别。

> 希腊的人像是着重在“体”,一个由皮肤轮廓所包的体积。所以表现得静穆稳重。而敦煌人像,全是在飞腾的舞姿中(连立像、坐像的躯体也是在扭曲的舞姿中);人像的着重点不在体积而在那克服了地心吸力的飞动旋律……组成一幅广大繁富的旋律,象征着宇宙节奏,以容包这躯体的节奏于其中。这是敦煌人像所启示给我们的中西人物画的主要区别。[①]

敦煌艺术表现着如痴如梦如幻的高超境界,但是历代的文人画家对于这座佛教艺术的精品、中国古代艺术的宝库却视而不见,使得伟大艺术精神从衰退微弱的民族心灵中消失了。宗白华却抛开一切偏见,重新在敦煌艺术中发现了代表这一时代精神的审美特征。敦煌是东方最伟大的艺术宝库之一,宗白华希望它能够成为中国艺术复兴的发源地,因为“只有这高华境界的启示,才能重振衰退的民族心灵”[②]。可见,他对敦煌艺术性的阐发和他

①《略谈敦煌艺术的意义与价值》,《宗白华全集》第2卷,安徽教育出版社1994年版,第418—419页。

②《〈敦煌摹画记〉编者按语》,《宗白华全集》第2卷,安徽教育出版社1994年版,第399页。

的民族性与民族精神的思想是相通的。

在深入以儒家和《周易》为代表的中国文化的内核,并对中国美学史上几个重要的历史阶段做出断代分析之后,一代体验美学家宗白华由个体的体验进入生命的深层追问:如何在民族衰弱之时重振民族自信心?如何使现代人成为这个机械世界里的诗意栖居者?如何使人生成为艺术式的人生、使人成为审美的人?这些无疑都触及现代性的敏感神经。正唯此,宗白华在整个世界的现代化思潮中固执地发出了"中国文化精神哪里去"和"世界文化精神哪里去"的体验美学家的世纪之问:

> 中国民族很早发现了宇宙旋律及生命节奏的秘密,以和平的音乐的心境爱护现实,美化现实,因而轻视了科学工艺征服自然的权力。这使我们不能解救贫弱的地位,在生存竞争剧烈的时代,受人侵略,受人欺辱,文化的美丽精神也不能长保了,灵魂里粗野了,卑鄙了,怯懦了,我们也现实得不近情理了。我们丧尽了生活里旋律的美(盲动而无秩序)、音乐的境界(人与人之间充满了猜忌、斗争)。一个最尊重乐教、最了解音乐价值的民族没有了音乐。这就是说没有了国魂,没有了构成生命意义、文化意义的高等价值。中国精神应该往哪里去?
>
> 近代西洋人把握科学权力的秘密(最近如原子能的秘密),征服了自然,征服了科学落后的民族,但不肯体会人类全体共同生活的旋律美,不肯"参天地,赞化育",提携全世界的生命,演奏壮丽的交响乐,感谢造化宣示给我们的创化机密,而以厮杀之声暴露人性的丑恶,西洋精

神又要往哪里去？哪里去？这都是引起我们惆怅、深思的问题。①

在这篇文章中，宗白华由印度诗人泰戈尔对中国文化的赞美这一他者角度入思，将中国文化并置于西洋文化的面前，揭示出“中国人本能地找到了事物的旋律的秘密”这一泰戈尔对中国文化的由衷赞美之词的深刻内涵。“东西古代哲人，都曾仰观俯察探求宇宙的秘密。但希腊及西洋近代哲人倾向于拿逻辑学的推理、数学的演绎、物理学的考察去把握宇宙间质力推移的规律，一方面满足我们理知了解的需要，一方面引导西洋人，去控制物力，发明机械，利用厚生。西洋思想最后所获着的是科学权力的秘密。”“中国古代哲人却是拿‘默而识之’的观照态度，去体验宇宙间生生不已的节奏。”②西方人之智慧的产生，是向外用，分析一切，将一切都物化，于是产生了科学。中国人的智慧不单向外用，而且要回返到自我生命上来，使人的生命成为智慧式的，这也是由西洋的数理哲学观与中国的生命哲学观之间的差异造成的。中国人也曾经得到过科学的秘密，他们借助自己的发明来享受生活的乐趣，顺应生命的规律。但是火药和指南针传到西方人手里的时候，却成为他们称霸世界的工具，而我们也成了西洋人称霸的牺牲品。

中国人偏于体验的思维方式，在对宇宙生生不息的节奏的静观与体验之中，获得宇宙旋律的秘密，还将它渗透到制度层面、器物层面与文化层面。传统儒家不仅用礼乐思想来创造社会的秩序与和谐，而且还在日常器皿中也反映着生命的旋律，于形而下之器体现着形而上之道。在中国日常器皿的图案花纹里孕育着中国艺术的萌芽，诸如中国的绘画艺术就是从商周的

---

①《中国文化的美丽精神往那里去?》,《宗白华全集》第2卷，安徽教育出版社1994年版，第402—403页。

②《中国文化的美丽精神往那里去?》,《宗白华全集》第2卷，安徽教育出版社1994年版，第400页。

铜器图案以及汉代的砖瓦花纹中脱胎而来的。“在中国文化里，从最底层的物质器皿，穿过礼乐生活，直达天地境界，是一片混然无间，灵肉不二的大和谐，大节奏。”[①]正因如此，中国人在制造器皿、发明东西时，才不是将此用来控制自然，而是以美的形式作为对自然的顶礼和宇宙生命的表现。

中国原本是一个审美的国度，中国人的精神内核中审美的或曰“乐感”的因素，一直被视为华夏文化的一个重要特征。宗白华将礼乐与审美提高到文化精神的高度，无疑与传统文化中“文以载道”“礼乐相济”的主导思想有关。然而，他也不无遗憾地指出：“自从汉代儒教势力张大以后，文学艺术接受了伦理的人事的政教的方向之支配，渐渐丧失了古代神话中幽深窅眇的宇宙感觉和人生意义，一切都化为白昼的，合理的，切近人间性的。”尤其是清朝以降，中国审美精神更加衰微，感性生命处于受压抑乃至窒息的状态，而那种“梦的幽深，宇宙意识的雄浑恢奇，表现于西洋古代文学，希腊及希伯来神话传说，永远构成西洋文艺的（尤其是史诗和悲剧的）深刻性的，这在中国的文学及艺术里确是逐渐地稀薄冲淡了”[②]。因此，对文化中美丽精神的呼唤就构成了中西近代哲人共同的思想主题，宗白华深深感到思想和宇宙意识的深刻性在中国文化与世界文化中同时丧失。但是中西方文化精神所失落的东西毕竟是有所不同的，在中国，需要重申内在的文化精神以抵抗外在的现实压力；在西方，则是由于文化精神在“科学权力”的威吓下，“生活的旋律美”和“音乐的境界”的缺席。[③] 无论东西，在世界化生存与全球化发展的情境下，文化精神或曰审美之维，都必须以新的面目重新出场，即必

①《艺术与中国社会》，《宗白华全集》第2卷，安徽教育出版社1994年版，第412页。

②《〈沙坪坝中央大学农场区发现古墓纪事〉等编辑后语》，《宗白华全集》第2卷，安徽教育出版社1994年版，第223—224页。

③《中国文化的美丽精神往那里去？》，《宗白华全集》第2卷，安徽教育出版社1994年版，第403页。

然面临着现代性的转换。

在宗白华看来,与现代文明相伴而来的是人的内在精神危机、灵魂苍白与心灵焦灼的问题。西方社会步入现代化进程之中,是伴随着神圣的消逝、"上帝之死"而来的,西方知识界很多人都为他们面临的人类生存困境、艺术困境和人的价值危机感到焦虑。中国传统文化虽然并不会像梁启超以及梁漱溟等现代新儒家所祈望的那样,将成为西方的一剂救世良药,但是对于迫切需要改变的现代文化境况,中国古代文化的一些美丽精神却格外地发挥出价值的光辉。充满着东方智慧的中国传统美学与文化精神对于中西方人摆脱面临的艺术困境和精神危机,在某些方面可以提供极为宝贵的资源。宗白华也一再指出,中国的生命美学强调的是"参天地,赞化育",亦即人自身是和谐的,人与人、人与整个宇宙之间都是和谐的。尤其是儒家,对于人生总是不胜赞叹,从来不曾把人自身作为探讨的对象。道家也看重个体的审美心胸的建构与陶冶,强调澄心、虚静、澡雪精神等等,这些对于"溺于物"的现代社会、物欲无限膨胀的现代人仍然具有重要的作用。从这一点来看,中国古典美学并不是已然成为过去的陈物,而是在不断地对其进行理解与阐释中创新,使之呈现出现代性的生命与意义。

宗白华深深地认识到中国古代美学资源在民族乃至世界文化精神的建构方面能够起到非常重要的作用,于是,他展开了一系列的对中国文化美丽精神的探寻活动。他希望现代人能够遵循"宇宙的旋律与生命的节奏"而生活,甚至将孔子注重美育的思想也看作是民族精神的因子。"孔子说'兴于诗,立于礼,成于乐',这实在就是美感教育",在西方,"柏拉图的教育思想和希腊的实际教育也特别注重音乐和体操"①。中西方的古代哲人都曾将音乐

①《〈美育〉等编辑后语》,《宗白华全集》第2卷,安徽教育出版社1994年版,第261页。

作为思想教育的工具，因为“只有韵律的节奏的生活才是真实的生活，才是健康的壮大的生活，才是一切创造力的源泉。所以中国古代拿礼和乐做社会生活的骨架”。但是，宗白华也不无遗憾地指出：“中国文化里丧失最多的是乐教。唐代以后的中国几乎成了一个无音乐的国土。比起近代欧洲国家，真是惭愧。乐教丧失，一种人类的狭隘，自私，暴戾，浅薄，空虚，苦闷，充塞了社会。”[①]宗白华在探寻中国文化美丽精神的年代里，正值抗日战争结束、国内战争开始的时候。战争使中国人陷入了物质与精神的极大创伤之中，宗白华困惑于族类之间的互相屠杀，他试图找回失落的传统文化精神。以儒家为代表的中国传统美学中因带有政治道德的因素，而与现代性以及西方的启蒙思潮相矛盾，但是传统文化中对民族与人类命运的关注，对真善美价值的不懈追求，却是与现代精神并行不悖的，是可以通过改造成为现代性当中的活性因子。

①《〈当代法国大诗人保儿·福尔〉编辑后语》，《宗白华全集》第2卷，安徽教育出版社1994年版，第199页。

第四章　比较美学的先行者

宗白华对中国文化、美学和艺术的研究，对中国文化美丽精神的揭示，始终是以西方文化为参照的，在比较中流露出对中国文化的倾慕、感叹和依恋。他把中西艺术的方法论差异上升到哲学宇宙观的高度，通过对中西文化、哲学、艺术的反复比较，揭示出中国艺术不同于西方艺术的独特意蕴、内涵、精神、时空意识等。他将中西美学和艺术形态加以比较的目的，是要将中国文化呈现在他者文化面前，在中西文化的对比研究中呈现出中国文化的独特魅力，呈现出中国文化艺术的美丽精神。在对中西文化精神和艺术形态做比较时，他不是随便把一个拿来和另一个简单相比，也没有将西方文化的某方面特征与中国文化做简单的对比，盲目地去寻找本源性或同一性，而是强调中西方文化的差异性及其价值归属性。在这个意义上讲，宗白华的比较文化思想体现出鲜明的现代性精神和意识。

一、比较研究的意识与方法

宗白华关于中西文化比较的意识是伴随着他学术生命的开始而存在的。在最早的哲学论文《萧彭浩哲学大意》中，他将叔本华的“自以消灭意志，其次博爱大悲，再次则公正不害”的伦理思想，与老子的“失道而后德，失德而后仁，失仁而后义”加以比较，认为两者有着颇多的相似之处。其后，宗白华在分析康德的唯心哲学大意时仍然沿用了比较研究的方法。“康德书中，最精二语，即是说一切诸法，具有形下实相（对形下之心言），而同时为形上虚相（对形上之心言），事理无二，几于佛矣。《易》云：形而上者谓之道，形而下者谓之器。佛家性宗谓诸法即空即假即中。与康德之意，不谋而合。”①把叔本华与老子，康德的思想与《易经》、佛家思想作比较，这是宗白华中西比较意识的最初萌芽。正像他自己所说的，“心识遇着一个簇新的对象，总是拿心识中已含具的观念去包纳容收，否则完全不能理解”，于是“引用古学来比附新学”②。有了这样的跨文化研究的意识，再加上宗白华扎实的中西

---

①《康德唯心哲学大意》，《宗白华全集》第1卷，安徽教育出版社1994年版，第14页。

②《中国学问家—沟通—调和》，《宗白华全集》第1卷，安徽教育出版社1994年版，第112、114页。

文化根底，这些都为他一生所从事的中西文化比较研究奠定了基础。

“少年中国”时代的宗白华曾一度致力于寻找中国青年的奋斗生活和创建“少年中国”的办法，主张从西学中寻找可借鉴的资源。他最初的理想是“做一个小小的‘文化批评家’”[①]，令他对文化批评感兴趣且对其产生深远影响的主要是斯宾格勒的文化历史哲学。斯宾格勒的《西方的没落》中所表达的思想与第一次世界大战所造成的西方社会物质窘困与精神危机的现实相吻合，因而深得宗白华的推崇：“德国战后学术界忽大振作，书籍虽贵，而新书出版不绝。最盛者为相对论底发挥和辩论。此外就是‘文化’的批评。风行一时两大名著，一部《西方文化的消极观》，一部《哲学家的旅行日记》，皆畅论欧洲文化的破产，甚夸东方文化的优美。现在中国也正在做一种倾向西方文化的运动。真所谓‘东西对流’了。”[②]他主张在“东西对流”“东西融合”的基础上建设雄健文明的中国新文化。

近代印度大思想家泰戈尔氏说：“东方的文明是森林的文明，西方的文明是城市的文明。将来两种文明结合起来，要替世界放一大光采，为人类造福。”现在西方城市文明已经非常发达，我们东方的森林文明久已堕落，现在我们的责任，首在发扬我们固有的森林文明，再吸收西方的城市文明，以造成一种最高的文化，为人类造最大的幸福。我们少年中国的团体，也可以以此作最后的大目的。我们在山林高旷的地方，建造大学，研究最高深的学理，发阐东方深闳幽远的思想，高尚超世的精神，造成伟大博爱的人格，再取西方的物质文明，发展我们的实业生

---

①《自德见寄书》，《宗白华全集》第1卷，安徽教育出版社1994年版，第320页。
②《自德见寄书》，《宗白华全集》第1卷，安徽教育出版社1994年版，第320页。

产，精神物质两种生活，皆能满足。我们再发展中国。全国皆复如是，使中国做世界文化的中心点，我们灿烂光华雄健文明的“少年中国”实现了。这不是我们所能勉力做到的最高理想吗？①

宗白华认识到要从物质文明和精神文明两个方面入手，融会东西方文明各自的优点而创建出一个代表“世界文化中心”的“少年中国”来。作为世界文化中心的“少年中国”，其最终目的并不是“中国国家的光荣伟大”，而是“为着世界的进化，为着人类的幸福”，因为每一个国家和民族都有自己的优点和弱点，而“将来世界人类全体的进化就是将各地民族的优点充分发展，弱点调整和消灭，总汇成一个更幸福的世界，更优秀的人类，这个大事业是各地民族的共同责任”。② 将中国文化的发展置于世界文化的语境中来考虑人类面临的共同文化困境，体现出宗白华的现代性学术眼光。

在思想的求索过程中，宗白华也逐渐意识到自己的不足，他亲赴德国留学，其目的就是要对欧美文化做一番细致的研究。

我预备在欧几年把科学中的理、化、生、心四科，哲学中的诸代表思想，艺术中的诸大家作品和理论，细细研究一番，回国后再拿一二十年研究东方文化的基础和实在，然后再切实批评，以寻出新文化建设的真道路来。我以为中国将来的文化决不是把欧美文化搬了来就成功。中国旧文化中实有伟大优美的，万不可消灭。譬如中国的画，在世界中独辟蹊径，比较西洋画，其价值不易论定，到欧后才觉得。所以有许多中

---

①《我的创造少年中国的办法》，《宗白华全集》第1卷，安徽教育出版社1994年版，第37—38页。
②《为什么要爱国》，《宗白华全集》第1卷，安徽教育出版社1994年版，第57页。

国人,到欧美后,反而“顽固”了,我或者也是卷在此东西对流的潮流中,受了反流的影响了。但是我实在极尊崇西洋的学术艺术,不过不复敢藐视中国的文化罢了。并且主张中国以后的文化发展,还是极力发挥中国民族文化的“个性”,不专门模仿,模仿的东西是没有创造的结果的,但是现在却是不可不借些西洋的血脉和精神来,使我们病体复苏。①

留德期间他还同王光祈、魏时珍等人在中国留学生中间发起了以介绍两国文化为宗旨的中德文化研究会,其目的是“使东西文化结婚,方产生第三种文化”。在宗白华看来,西洋的精神思想是进取的,而东方的精神思想则是静观的。但是,闭关锁国已经不可能在现实世界中立足,“欲静不得静,不得不随之俱动了”,世界发展的大趋势促使“我们中国人现在乃不得不发挥其动的本能,以维持我们民族的存在,以新建我们文化的基础”②。从这里可以清晰地看到宗白华思想发展的跃进过程。文化的一元化必然导致文化发展的停滞,因为没有互为他者的相互参证,就没有从多种视角认识自己的可能,也就没有不同文化之间的互补与共识,就不会有新文化的创建。

由于对西方文化有了深切体验,归国之后,宗白华自觉地展开了中西文化的比较研究工作。他将自己的研究视野落到中西艺术,尤其是绘画艺术上,一方面因为绘画艺术是东西方风格差异较大的一门艺术种类;另一方面,在他看来,绘画艺术是诸多艺术种类中“最能表达吾人深心的情调与律动”的艺术形态,由对绘画这一艺术形态的研究进而可以探寻到东西方审美趣味和文化精神的不同。在对中西艺术的具体体验和感受之中,宗白华通

①《自德见寄书》,《宗白华全集》第1卷,安徽教育出版社1994年版,第320页。
②《自德见寄书》,《宗白华全集》第1卷,安徽教育出版社1994年版,第321页。

过对中西艺术的美学特征的分析，去追索、还原、阐发两种艺术和美学不同的文化背景、哲学精神、形式观念、时空意识等。

二、中西哲学思想互动

中西美学与艺术特征的差异，在很大程度上是基于哲学观的不同以及由此带来的审美观念的差异而造成的。作为中西文化比较的先行者，宗白华敏锐地觉察到了这一点。1930 年，宗白华撰写了笔记体的学术文章《形上学——中西哲学之比较》《形而上学提纲》，从中西哲学路线之异同、中西法象之不同、西洋的概念世界与中国的象征世界等方面，论述中西哲学的特点。他所进行的中西哲学比较，一方面在于重新发现中国哲学思想的内核，另一方面还在于为中西美学、艺术比较寻找一个坚实的哲学基础。

宗白华在《形上学——中西哲学之比较》里指出，中西哲学是两个不同的体系，即生命的体系和唯理的体系。唯理的体系强调的是"数"，生命的体系强调的是"象"，这是中西哲人在时空观上产生差异的主要根源。"西洋化'命运'为命定之自然律。中国推天人合一于'保合太和，各正性命'之形上境！柏拉图则欲化两境以成其大！"柏拉图反对古典哲学的唯理境界，试图用生命化解之，而建立一种"纯时间"的"绵延"哲学。欲将"唯理的体系"与"生命的体系"相融合，这也正是宗白华进行中西哲学比较、构建中国哲学生命本体论的价值诉求。所不同的是，柏格森的生命创化论将宇宙描述为一种盲目的生命冲动，而在宗白华的生命本体论中，则把宇宙看作有节奏、有秩序的音乐化了的境界。

宗白华从《乐记》中总结出音乐既是天地之和，又是德性之和，天地与德性都表现出某种音乐性，或称"乐德"。从生命出发的哲学形态，其一切秩序都趋向于音乐的中和之境。《易经》中的“立象以尽意”，指示“中和”“中正”之“生成之象”，所以中国古人观四时之往来，日月之运行，发现了“天地以顺动而四时不忒”之宇宙，其目的就在于中和、中正。中和、中正是阴阳和合、阴阳调和的意思，阴阳对立、阻隔就不能相交、相和，也不可能化生万物。只有阴阳双方达到对立统一，才能给万物的生存发展通畅道路，人类才能达到自由，进入音乐之美的境界。宇宙被体验为音乐，生命被体验为音乐，甚至日常器物、社会制度、个体人格都归入这一音乐的意义世界。

与中国哲学的礼乐文化相异，西洋哲学在测量技术和占星技术的影响渗透下，发展出一条理性化、科学化的道路，哲学也具有了几何学的特征。因此，希腊的地理学、天文学和宇宙学都将一种对自然现象的思考投射到空间背景上，这就预示着希腊文化的现代传人必然有一种向空间做无穷努力的渴望。“希腊哲学家常为小国立法以代神权(故柏拉图哲学于立法归结)，测量地形以建立几何学，其理智精神欲摧毁宗教(多种不道德)，以‘纯理性’代多元的人格化之神祇，以逻辑论证代神们的启示(其神们本太人类化，为哲人道德标准所轻视)。希腊哲学出发于宗教与哲学之对立(苏格拉底死于此)。两趋极端。而哲学走上了‘纯逻辑’‘纯数理’‘纯科学化’之路线，而‘纯理’界与‘道德’界、‘美’界的鸿沟始终无法打通。”①西方形上学遂走上了纯逻辑、纯数理、纯科学化的道路，而背离了哲学的生命化和审美化，背离了人的生命本质。在宗白华看来，真正的形而上境界应该是音乐的境界、生命的境界，是中西方形上学都力图臻达的最高境界。但是直到近代，西方形上学未能达到此种境界，就连素有“礼仪之邦”之称的中国，唐朝以后的音乐境界也渐衰微，这些都无不令他惋惜。

---

①《形上学——中西哲学之比较》，《宗白华全集》第1卷，安徽教育出版社1994年版，第585页。

宗白华把生命的体系与唯理的体系的差异归结为两个核心范畴——数与象的差异。西方哲学体系强调的是数，而在中国传统的哲学体系中，象是核心。西方哲学从非生命的物质世界出发来观察宇宙，以理数来统领世界，建立几何学的和谐秩序；中国哲学则将宇宙秩序上升到音乐性的中和之境，由象来呈现生生而有条理的生命节奏和精深幽微的茫茫宇宙。在中国哲人那里，象依靠人的最直观的感受来欣赏和体味世界，所以，象是自足的、完形的、无待的、超关系的，是一个完备的全体，指向生命的最高境界。在中国美学家那里，美就是意象，亦即世界的原本的存在。艺术家创造虚幻的境相以象征宇宙人生的真理，并引导人们返回到生命节奏的核心。这个照亮了世界的本来存在的意象，只能通过体验而不是理性来把握。在宗白华看来，把握到了艺术中的基本象征物，也就可以把握到这个民族文化的命脉和灵魂了。与之相反，西洋科学哲学的真理却是以理性、数来表现的。世界上的万事万物，甚至包括人的心灵都可以当作一个几何形体用数来表示。数被认为是最本质的，而美即体现着合理的数量关系——和谐。这样，有、实体、形式等概念便被上升到了文化的高度，逐渐形成了西方人注重物体结构之比例关系以通理世界之和谐，并将数作为万物形成的本源的一种数理的哲学观。

在宗白华的中西哲学比较中，还对东西方人不同的时空观给予了较多的关注。希腊哲学将万物的本源归结为某种实体（水、火等），他们的视野须臾不离开占据着一定空间的有形实体。囿于空间性实体存在的观念，西方人无论如何都不会相信“无”中能生“有”。他们不断地将物体分割成分子、原子等更小的实体，却始终不肯将“有”与“无”结合起来，揭示出时间性与空间性、有限性与无限性相反相成的生命真谛。所以西方哲学是“几何空间”

之哲学,“纯粹空间之几何境、数理境,抹杀了时间”①。柏格森于是提出排除空间化的“纯粹时间”绵延之哲学来与之抗衡,到了近代物理学上提出的时空观更是一种将时间空间化的理性的、抽象的时空观念。

在宗白华看来,中国哲学却是可以容纳数理境和生命境的。中国哲学既非几何空间之哲学,亦非纯粹时间之哲学,乃是“四时自成岁”之历律哲学,即春夏秋冬、东南西北之合奏的历律。中国古代的思想意识是从农业生产中总结出来的,农人的农舍就是他的世界,日出而作,日落而息,生活从容而有节奏。秦汉时期的思想家又拿音乐的五声配合四时五行,拿十二律来配合一岁的时间季节,人于是处于一个时空统一的、理性与生命融合的、音乐化了的和谐世界里。所以,中国人的时空观与庐舍有关,宇指屋宇,宙是指由宇中出入往来。宇为时间,宙为空间。“宇”和“宙”是不能分开的整体,也就是说,他们只有被作为一个时空统一体时才是有意义的。在宗白华看来,这种时空统一的宇宙意识在《周易》中得到显明体现。

《周易》中的“象”是中国哲学中的最高范畴,“象即中国形而上之道也。象具丰富之内涵意义(立象以尽意),于是所制之器,亦能尽意,意义丰富,价值多方。宗教的,道德的,审美的,实用的溶于一象”②。《周易》中的鼎卦代表的就是中国空间之象,革卦代表的是中国时间生命之象。道或曰象的宇宙本原的地位,决定了中国文化时间和空间的绝对不可分性。这种宇宙观念,一方面使空间成为一种被无法切断的、永恒的时间序列所支配的空间;另一方面时间成为被一个无法分割的、永恒无极的空间所制约的时间,二者无法以对方的分解单位作为自己存在的参照系。所以,中国文化的时空是

①《形上学——中西哲学之比较》,《宗白华全集》第1卷,安徽教育出版社1994年版,第611页。
②《形上学——中西哲学之比较》,《宗白华全集》第1卷,安徽教育出版社1994年版,第611页。

不可分的，它们是同一个"道"周而复始的结果。中国绘画把时间中的动引入空间结构中，反映的正是《周易》中时空统一体的宇宙意识。

生命的体系是音乐性的，于是音乐性也成为中国绘画、书法等艺术中所要臻达的最高境界；唯理的体系是数理性的，于是西洋的艺术形式以建筑为代表，希腊建筑的整齐、调和、比例、对称、均衡代表着秩序、理数之境。生命的体系和唯理的体系还带来了中西艺术不同的空间意识，于是，西洋绘画追求建筑的、雕刻的、具有实感性的空间境界，中国绘画则形成音乐性并具有舞蹈意蕴的空间境界。

三、中西绘画与文化精神

1932年，宗白华在读了郑午昌的《中国画学全史》和黄憩园的《山水画法类丛》两本书之后，专门写下了《介绍两本关于中国画学的书并论中国的绘画》一文。同时期，又发表了《徐悲鸿与中国绘画》，对中国绘画的哲学基础做出分析。

> 中国人感到这宇宙的深处是无形无色的虚空，而这虚空却是万物的源泉，万动的根本，生生不已的创造力。老、庄名之为"道"、为"自然"、为"虚无"，儒家名之为"天"。万象皆从空虚中来，向空虚中去。所以，纸上的空白是中国画真正的画底。①

①《介绍两本关于中国画学的书并论中国的绘画》，《宗白华全集》第2卷，安徽教育出版社1994年版，第45页。

宗白华溯源到中国人最基本的宇宙观,即《周易》中"一阴一阳之谓道""生生之谓易",从这些基本的思想出发,将艺术、美产生的根源追溯到宇宙的生命本体上。中国哲学是用生命体悟道的节奏的过程,中国诗人、画家用心之所在,是"由纷纭万象的摹写证悟到'大象无形'"①,用太虚、太空、无、混茫来暗示或象征这形而上的道。因此,"生动之气韵笼罩万物,而空灵无迹;故在画中为空虚与流动。中国画最重空白处。空白处并非真空,乃灵气往来生命流动之处。且空而后能简,简而练,则理趣横溢,而脱略形迹"②。在中国人看来,"无"之能生"有",在于"无"是充满创造功能的气。作为广大无限的宇宙空间充满了气,气化流行,衍生万物。天上的日月星辰,地上的山河草木、飞禽走兽,悠悠万物,皆由气生。道的根本精神表现为气的生生流行,阴阳二气的相感互动使道在本质上成为一种有节奏的生命本体。以道为中心、气为基础的中国哲学体现出的正是一种生命哲学精神。

在1934年发表的《论中西画法的渊源与基础》和1935年发表的《中西画法所表现的空间意识》两篇文章中,宗白华对中西绘画做出了详尽的比较分析。

宗白华将西方绘画中所呈现出来的世界看作是一个实体的世界,把中国绘画中所呈现出来的世界看作是一个气的世界;一个是实体的宇宙,一个是气的宇宙;一个是实体与虚空的对立,一个是虚实相生。"中国画所表现的境界特征,可以说是根基于中国民族的基本哲学,即《易经》的宇宙观:阴阳二气化生万物,万物皆禀天地之气以生,一切物体可以说是一种'气积',这生生不已的阴阳二气织成一种有节奏的生命。中国画的主题'气韵生动',就是'生命的节奏'或'有节奏的生命'"。③ 中国绘画之所以重视虚空

①《中国诗画中所表现的空间意识》,《宗白华全集》第2卷,安徽教育出版社1994年版,第439页。
②《徐悲鸿与中国绘画》,《宗白华全集》第2卷,安徽教育出版社1994年版,第51页。
③《论中西画法的渊源与基础》,《宗白华全集》第2卷,安徽教育出版社1994年版,第109页。

的表现，是因为这虚空不是几何学上的空间间架，而是能使万物活跃其中的生命空间。正是有无的永恒转化，构成气的宇宙生生不息的运动；正是气的运动，演成万物竞萌、此起彼伏、生机勃勃的万千气象。这种有无相生的气的宇宙决定了中国人对宇宙整体的认识不是把实体和虚空分离开来，而是必然把二者联系起来。既然宇宙是一阴一阳、一虚一实的生命节奏，是一个虚实交融的时空体，其中流荡着生动活泼的灵气，于是中国画家舍形脱影，走上了水墨的道路。"西洋绘画的境界，其渊源基础在于希腊的雕刻与建筑。以目睹的具体实相融合于和谐整齐的形式，是他们的理想。雕刻形体上的光影凹凸利用油色晕染移入画面，其光彩明暗及颜色的鲜艳流丽构成画境之气韵生动。"①西方人的宇宙观则是主体与客体之间的对立，表现在艺术中，诸如希腊建筑对和谐、比例、对称、平衡的追求以及希腊雕塑对模仿自然的强调，也直接影响了文艺复兴时期艺术家对艺术的理解，并导源出西方艺术的独特表现方法，即通过解剖法认识事物的内容构造，以立体的、雕刻式的描绘方法表现出对象的立体感，以聚焦透视法和几何学的测算构造一个三进向的空间的幻景，从而把握自然，追求无穷。

在将中西绘画的渊源与基础进行比较的同时，宗白华还对中西绘画的审美特征做了富有哲学意味的阐释。他把"形式和谐""模仿自然""复杂中之统一"等看作西方绘画美学的基本法则，把"气韵生动""笔墨""虚实""阴阳明暗"等看作中国绘画美学的主要原则，指出中国绘画追求"气韵生动"的美学境界，即以"生命的律动为终始对象"，将"骨法用笔"即把握物的骨气作为绘画手段，应物象形、随类赋彩，经营位置和传移摹写却放在其次。在这种点线交汇的律动的形式里面，立体的、静的空间失去意义，画幅中飞动的

---

①《论中西画法的渊源与基础》，《宗白华全集》第2卷，安徽教育出版社1994年版，第109—110页。

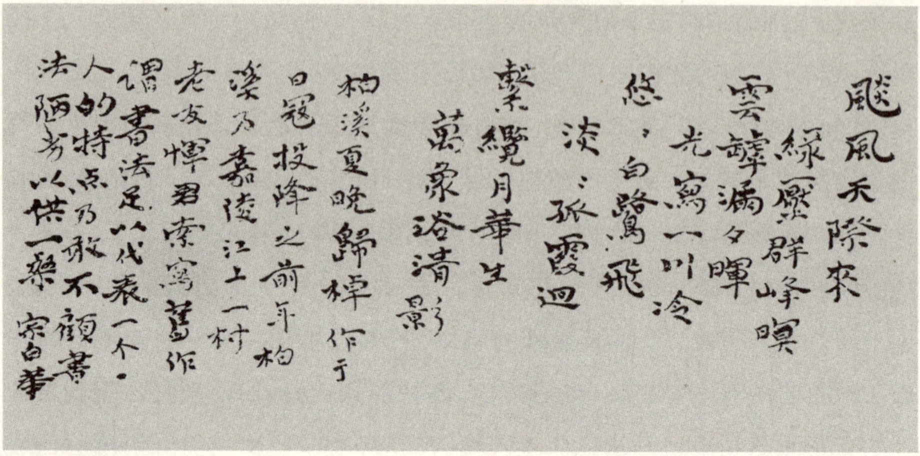

>> 赠友书法

物象与空白处交融，结成一幅流动的虚灵的节奏。而在西方艺术中，模仿自然与形式和谐却占据中心位置。模仿自然是就艺术的内容而言的，形式和谐是就艺术的形式而言的，形式与内容以及这二者之间的完美结合成为西方绘画史的中心问题。只是到了近代“浮士德精神”的产生，西方人开始关注“生命表现”和“情感移入”等问题，西洋人的宇宙观也有所改变，于是有了立体主义和表现主义画派的出现，但终归是西方艺术自身发展变化的结果，所以与中国绘画的基本立场仍然存在区别：“一为飞动的线纹，一为沉重的雕像。”①

一般认为，中国艺术偏于表现主体情感，即使叙事性艺术也都是如此；西方艺术在古希腊传统模仿说的影响下，呈现再现自然与生活的倾向，这在很多时候被视为中西艺术审美特质的重要差异。然而，宗白华却从绘画中发现了例外，他在考察中西绘画的渊源和基础时发现，西方绘画貌似客观实

①《论中西画法的渊源与基础》，《宗白华全集》第2卷，安徽教育出版社1994年版，第105页。

颇主观，中国山水画则是最客观的艺术。

> 而这物我对立的观点，亦表现于西洋画的透视法。西画的景物与空间是画家立在地上平视的对象，由一固定的主观立场所看见的客观境界，貌似客观实颇主观。就是近代画风爱写无边天际的风光，乃是目睹具体的有限境界，不似中国画所写近景一树一石也是虚灵的、表象的。中国画的透视法是提神太虚，从世外鸟瞰的立场观照全整的律动的大自然，他的空间立场是在时间中徘徊移动，游目周览，集合数层与多方的视点谱成一副超象虚灵的诗情画境。所以它的境界偏向远景。“高远、深远、平远”，是构成中国透视法的“三远”。在这远景里看不见刻画显露的凹凸及光线阴影。浓丽的色彩也隐没于轻烟淡霭。一片明暗的节奏表象着全幅宇宙的絪缊的气韵，正符合中国心灵蓬松潇洒的意境。故中国画的境界似乎主观而实为一片客观的全整宇宙，和中国哲学及其他精神方面一样。“荒寒”“洒落”是心襟超脱的中国画家所认为最高的境界，其体悟自然生命之深透，可称空前绝后，有如希腊人之启示人体的神境。①

在宗白华看来，这种差异源自中西哲学与宇宙观的不同。西方自文艺复兴以来，视宇宙为无限而又具体可感的空间，人与物、心与境是并峙而立的。西画恪守的定点透视实由一固定的主观视角观照其所看得见的客观境界，它以主客二分、物我对立为前提。古希腊主客二分的哲学传统，把世界纳入主体的精神建构过程，这些构成西画的哲学基础。西画在二维平面

---

①《论中西画法的渊源与基础》，《宗白华全集》第2卷，安徽教育出版社1994年版，第110—111页。

再造三维空间幻象，貌似客观真实，但从画面囿于画家主观视角的有限境遇来看，西画表现出鲜明的唯我论倾向，因而带有强烈的主观性；中国画则在天人合一的哲学观影响下，以流动的节奏、阴阳明暗来表达空间感。中国的山水画并不讲究透视，中国画家往往能够超越狭窄的主观视角，以流动的多层视点，以大观小，将一完整的大自然图景纳于一幅画之内。在这一过程中，画家的主观情思也融化在山川之中，去体会天地之道，与大自然融为一体。

在分析中西绘画在渊源基础、审美境界、美学特征以及表现技法等方面的差异之同时，宗白华也注意到了这种差异只是相对的。比如说气韵生动和骨法用笔是中国绘画所遵守的重要法则，但是在谢赫看来，只有六法兼善才能算得上是一个好的画师，而够得上这个资格的，只有陆探微和卫协二人，其他人也只不过是“各善一节”罢了。这里可以看出中国绘画同样也讲究模仿自然（应物象形）和形式和谐（经营位置），因为只有严格遵守了“六原则”的画家才可称得上是真正的画家。只是到了唐代画论家张彦远那里，才将气韵生动和骨法用笔看作绘画中最主要的法则，自此以后，遂确定了中国绘画的特殊面貌和特殊精神。西方艺术虽以模仿自然和形式和谐为主，但是在画幅中同样也表现出气韵生动的灵境。西方的油画是“画家用油色烘染出立体的凹凸，同时一种光影的明暗闪动跳跃于全幅画面，使画境空灵生动，自生气韵。故西洋油画表现气韵生动，实较中国色彩为易”①。

---

①《论中西画法的渊源与基础》，《宗白华全集》第2卷，安徽教育出版社1994年版，第107页。

四、中西绘画与空间意识

宗白华关于中西绘画比较的一个重要方面就是关于中西绘画的空间意识的比较,对空间意识的关注贯穿于他的整个美学研究过程,而这种探讨与康德的空间学说紧密相关。“原来人类的空间意识,照康德哲学的说法,是直觉性的先验格式,用以罗列万象,整顿乾坤。然而我们心理上的空间意识的构成,是靠着感官经验的媒介。我们从视觉、触觉、动觉、体觉,都可以获得空间意识。”①宗白华将此空间学说运用到自己的艺术分析中,指出“每一种艺术可以表出一种空间感形,并且可以互相移易地表现它们的空间感形”②。这也就促使他的空间意识研究不只局限于绘画领域,而且广泛涉猎书法、音乐、舞蹈、建筑、雕刻等众多的艺术门类,并将具有共同空间意识的一类艺术放在一起加以考察。宗白华认为中西绘画的空间意识最明显的特点表现在:“一为写实的,一为虚灵的;一为物我对立的,一为物我浑融的。中国画以书法为骨干,以诗境为灵魂,诗书画同属于一境层。西画以建筑空间为间架,以雕塑人体为对象,建筑、雕刻、油画同属于一境层。”③在他看来,中国画与中国传统的书法艺术、音乐、舞蹈、诗歌在空间感、审美感上的一致性,西洋画同雕刻、建筑在空间感上的同源性,是中西绘画空间意识差异性的重要表现,这是他在展开中西绘画空间意识比较中始终坚持的一个美学理念。

中国绘画是与书法、舞蹈和音乐相通的,表现出一种灵的空间、灵的境

---

①《中西画法所表现的空间意识》,《宗白华全集》第2卷,安徽教育出版社1994年版,第142页。
②《中西画法所表现的空间意识》,《宗白华全集》第2卷,安徽教育出版社1994年版,第142—143页。
③《论中西画法的渊源与基础》,《宗白华全集》第2卷,安徽教育出版社1994年版,第102页。

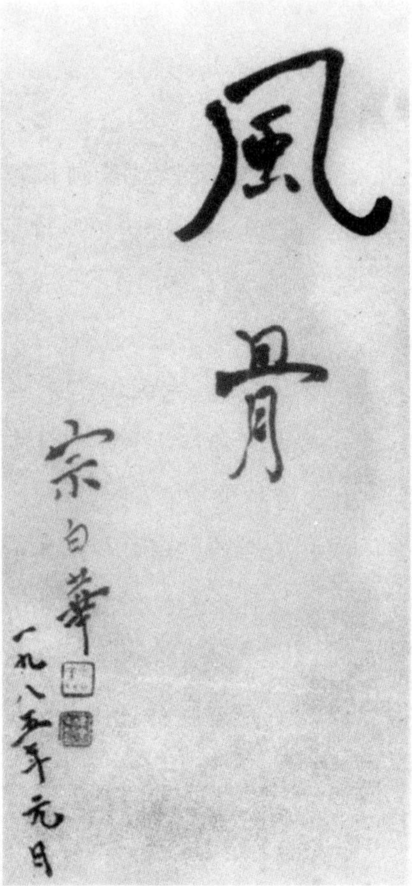

>> 立轴行书“风骨”

界;西洋绘画与雕刻、建筑等艺术形式相通,所以表现出的是一种写实的、实体的空间境界。书法中所谓气势,所谓结构,所谓力透纸背,都是表现这书法的空间灵境;绘画中写景、寄情,都是因所写所寄不同于自然景物的境界,而是一个灵的境界。以山水画为例,虽然宗炳在西洋透视法发明一千年以前就明白了其秘诀,但是中国的山水画却始终没有运用这种方法,而是躲避它、取消它、反对它,中国绘画真正要表现的是那无穷的空间和充塞这空间的道。而源于建筑和雕刻的西洋绘画,重视体积,以几何透视为构图法则,因而创造出的是令人几欲走进的三进向的实体空间。这也是道的空间境界与实体的空间境界的区别。

宗白华将中国绘画与书法结合起来考察,认为它们的境界相通,表现在“书画的神采皆生于用笔”①。中国的书法不像西洋的文字那样由多个不同的字母构成,而是每一个字都占据着一个空间,并且在横、竖、撇、捺等笔画中结成一个有筋有骨、有血有肉的生命单位,成就一个有空间、有生命的具有立体感的艺术品。中国绘画也是拿

①《中西画法所表现的空间意识》,《宗白华全集》第2卷,安徽教育出版社1994年版,第143页。

点线的纵横、写字的笔法，描绘出它的生命神韵。西画中的线只是用来描绘形体轮廓或皴擦光阴明暗的因素，中国绘画的线却既透露出形象姿态，还能表现出骨力、骨法和风骨。“中国的人物画系一组流动线纹之节律的组合，其每一线有独立的意义与表现，以参加全体点线的交响乐。”[①]中国绘画和书法中的线是运动着的，是艺术家心灵流露的轨迹。在中国文人的水墨画中，物质的感性材料可以说减少到了最低限度，而精神内容则达到了最高的表现程度。

同时，中国的画境还通于音乐的境界，正如西洋绘画通于建筑雕刻的艺术境界一样。宗白华在对中国绘画理论的反复论证中概括出一条普遍的规律：“一个充满音乐情趣的宇宙（时空合一体）是中国画家、诗人的艺术境界。”[②]“全幅画所表现的空间意识，是大自然的全面节奏与和谐。”[③]中国绘画音乐性的形成，与中国画家对宇宙的观照法相关。他所看到的不是一个透视的焦点，所采用的不是一个固定的地点，所表现出来的也就是具有流动感的音乐的节奏与和谐的境界。西洋艺术虽然也表现出音乐性，但这种音乐性与其实体的数的宇宙观是分不开的，并且直接把对音乐和谐美的追求具体化为视觉的和谐形式创造。而中国人对音乐的感受与对道的体悟相连，中国艺术家往往拿音乐的心灵去领悟宇宙、领悟道，将自我同化于自然本体，其最高的艺术境界是同于自然的一片无我而又充实的空灵。

与中国绘画通于书法、音乐的空间境界不同，西洋绘画则是凭借光影的烘染衬托，移写雕刻和建筑的几何透视而显示出空间表现力。希腊的建筑、雕刻是一种团块的造型，希腊的雕刻艺术给予我们的是一种圆浑立体、可以

---

①《论中西画法的渊源与基础》，《宗白华全集》第2卷，安徽教育出版社1994年版，第106页。
②《中国诗画中所表现的空间意识》，《宗白华全集》第2卷，安徽教育出版社1994年版，第431页。
③《中国诗画中所表现的空间意识》，《宗白华全集》第2卷，安徽教育出版社1994年版，第422页。

摩挲的坚实的空间感觉；希腊的建筑从外表看也像是一个大立体的雕刻，内部则是一组横线组合的可留可行的空间，富于几何学透视的感觉。以建筑与雕刻为渊源与基础和空间表现力的西洋绘画也多移写具体可感的形体于画面，人体必求其圆浑，通过模拟光影、明暗造型等绘画表现技巧，使画面表现出一种立体可感的写实空间境界。希腊人发明几何学与科学，他们讲求艺术与科学的一致性，科学精神和艺术气质是希腊进入文明世界的一双飞翼。“他们的宇宙观是一方面把握自然的真实，他方面重视宇宙形象里的数理和谐性。”就拿绘画艺术来说，画家研究透视法、解剖学，以“建立合理的真实的空间表现和人体风骨的写实”，达到现实性和逼真性。①西洋绘画往往在一平面上幻化出逼真的空间构造来，“如镜中影、水中月，其幻愈真，则其真愈幻。逼真的假象往往令人更感为可怖的空幻”②。西洋绘画创造的实境是一个逼真的现象世界，缺乏诱发人想象力的空灵世界。

宗白华还通过揭示中西绘画技术层面的不同来探讨其空间意识相异的根源，认为中国绘画所运用的三远法与西洋绘画的透视法是导致这种差异的一个重要因素。中国绘画并非不懂透视法，之所以没有实行和运用“张绢素以远映”（宗炳《画山水序》）的透视法，并且始终躲避它、反对它，而是以“一管之笔，拟太虚之体”（王微《叙画》），把宇宙的生生之气看作中国画的对象和境界，从“目有所极，故所见不周”（王微《叙画》）的狭隘视野和实景里解放出来，就是为了避免出现如沈括讥评李成仰画飞檐所造成的“掀屋角”的不合理现象。中国绘画中的“三远法”是“抬头先看见高远的山峰，然后层层向下，窥见深远的山谷，转向近景林下水边，最后横向平远的沙滩小

①《中西画法所表现的空间意识》，《宗白华全集》第2卷，安徽教育出版社1994年版，第145页。
②《中西画法所表现的空间意识》，《宗白华全集》第2卷，安徽教育出版社1994年版，第146页。

岛。远山与近景构成一幅平面空间节奏,因为我们的视线是从上至下的流转曲折,是节奏的动。空间在这里不是一个透视的三进向的空间,以作为布置景物的虚空间架,而是它自己也参加进全幅节奏,受全幅音乐支配着的波动"[①]。这正是抟虚成实,使虚的空间化为实的境界的空间意识。所以,中国绘画中灵的境界就是一个虚实结合的境界。"透视学是研究人站在一个固定地点看出去的主观境界,而中国画家、诗人宁采取'俯仰自得,游心太玄','目既往还,心亦吐纳'的看法,以达到'澄怀味象'。"[②]在中国绘画中,可视的空间是在时间运动之中展开的,而艺术家的心灵活动是其内在的动因。中国艺术家着眼的不是一个视觉的瞬间,而是可供心灵居游的世界。世界不是人的视觉观照的结果,而是心灵观照的结果。俯仰往还,远近取舍,这既是中国哲人观照世界的态度,也是中国诗人、画家观照世界的方法,而这种观照法表现在绘画中就构成了中国绘画的空间意识的特征。中国绘画从来不描绘站在某个视点所看到的东西、一个由固定光源映照的世界,它所目睹的是与心灵相吻合的对宇宙的全方位烛照。

中西绘画在审美观照与技法运用方面的不同,造成其画面色彩、光线与阴影的不同,也是空间表现差异的直接原因。在宗白华看来,表现中国书画艺术的工具是最抽象、最灵活的笔与墨,笔墨的运用,神妙无穷。中国绘画的用笔,从空中直落,墨花飞舞,以各抽象的点、线渲染皴擦,摄取万物的骨相与气韵。笔墨的点线皴擦既从刻画实体中解放出来,以丰富的暗示力与象征代之,超脱而浑厚,更能自由表达作者独具匠心的构图。西画的线条是描画形体轮廓、皴擦光影明暗的一分子,隐没在立体的幻象里,宗白华称之

---

①《中国诗画中所表现的空间意识》,《宗白华全集》第2卷,安徽教育出版社1994年版,第435页。

②《中国诗画中所表现的空间意识》,《宗白华全集》第2卷,安徽教育出版社1994年版,第435—436页。

为“隐迹立形”[①]。西洋画家用油色烘染出立体的凹凸,同时一种光影的明暗闪动跳跃于全幅画面,每个画家都有体现自己创作风格的色调,以表现自己所见的色相世界和自心的情韵。画面的底子全部用油色填没,不留空白,动荡的光和气氛乃是物理的目睹的实质。这和中国画家在无笔墨处用心,追求缥缈天倪的化工境界是迥然不同的。

在将中西绘画的空间境界表述为“一为虚灵的、一为写实的”的同时,宗白华也注意到了这种划分并不是绝对的,其实中国画的出发点也是极重写实的,如中国的花鸟画,写实的精细绝妙为世界第一。就拿中国绘画的代表——山水画来说,也有写实精神在里面。“画家皆时时不忘以‘自然’为师,于造化细缊的气韵中求笔墨的真实基础。”[②]但是中国绘画并不是机械的写实,它要创造意象。真实的山水是云烟变幻、景物空灵、气韵生动的,画家只是在极力表现这种境界罢了。其次,说西洋绘画体现一种逼真的雕刻美、建筑美,中国绘画体现一种音乐的节奏美,也不是决然如此。其实希腊艺术中也同样有着音乐的美,哲学家毕达格拉斯就认为宇宙的基本结构是在数量的比例中表示着音乐的和谐。但是毕氏以音乐表示宇宙的基本结构,主要欣赏的是其数学比例的和谐,所以西方人把希腊的建筑比作“一曲凝住了的音乐”[③],而中国绘画艺术的音乐性则表现出一种流动的生命的美。在中西绘画比较中,简单的求同或求异是不难做到的,重要的是要进一步发现同中之异与异中之同。所谓同中求异,就是去发现中西绘画形式手法背后不同的审美精神特征、文化生存情境;所谓异中求同,则是尽力去发现代表不同历史阶段的不同民族艺术审美创造、形式演变所体现的人类艺术美学发

---

①《论中西画法的渊源与基础》,《宗白华全集》第2卷,安徽教育出版社1994年版,第106页。
②《论中西画法的渊源与基础》,《宗白华全集》第2卷,安徽教育出版社1994年版,第112页。
③《论中西画法的渊源与基础》,《宗白华全集》第2卷,安徽教育出版社1994年版,第103页。

展的共同规律。诸如宗白华看到中西绘画在空间境界上有虚灵与写实的差异的同时，还认识到中西绘画都有写实精神在里面；在看到中西绘画的空间意识一为音乐性，一为建筑性、雕刻性的同时，也看到音乐性是中西绘画所共有的美学特质。

在对中西绘画做了上述比较之后，宗白华认识到作为世界文化之一的中国绘画自身不可避免地存在许多缺憾："中国画趋向抽象的笔墨，轻烟淡彩，虚灵如梦，洗净铅华，超脱暄丽耀彩的色相，却违背了'画是眼睛的艺术'之原始意义。'色彩的音乐'在中国画久已衰落。"①但是一种艺术形态应当与本文化生命同向前进，所以宗白华认为：

> 中国画此后的道路，不但须恢复我国传统运笔线纹之美及其伟大的表现力，尤当倾心注目于彩色流韵的真景，创造浓丽清新的色相世界。更须在现实生活的体验中表达出时代的精神节奏。因为一切艺术虽是趋向音乐，止于至美，然而它最深最后的基础仍是在"真"与"诚"。②

他指出中国绘画艺术的发展，既有待于对民族绘画传统的发掘和恢复其生机，也有待于对西方绘画精神的吸取，同时还有待于画家投入新时代的生活潮流中去创造。这里，宗白华特别强调了艺术与人生的关联，强调充实而开阔的人生体验，这其实已经有别于重内在体验的传统美学精神而富有了现代意味。

---

①《论中西画法的渊源与基础》，《宗白华全集》第 2 卷，安徽教育出版社 1994 年版，第 112 页。
②《论中西画法的渊源与基础》，《宗白华全集》第 2 卷，安徽教育出版社 1994 年版，第 112 页。

宗白华对西方艺术的肯定,并不是说中国艺术就没有了独立的美学品质和内在发展潜力,在他看来,两种艺术都有自身存在的合理性。宗白华在给画家张茜英的画册所作的简短的序中曾提到:西洋艺术中永驻着光、热和生命,它象征着人类不朽的青春精神;中国画是淡泊以明志、宁静以致远的,它象征着文明的成熟、秋天的明净。而"艺术的境界是两无的。它需要青春的光,也需要秋熟的美"①。他希望将西方绘画的主要审美实质"形式和谐"与中国绘画的审美实质"气韵生动"作为将来绘画的最高表现。在他看来,世界美学必然是一个东西方美学缺一不可的整体,"将来的世界美学自当不拘于一时一地的艺术表现,而综合全世界古今的艺术理想,融合贯通,求美学上最普遍的原理而不轻忽各个性的特殊风格。因为美与美术的源泉是人类最深心灵与他的环境世界接触相感时的波动。各个美术有它特殊的宇宙观与人生情绪为最深基础。中国的艺术与美学理论也自有它伟大独立的精神意义"②。他相信,中国画学对将来世界美学的发展会产生特殊重要的贡献,这也是他在进行中西比较时潜在的价值诉求。

---

①《题〈张茜英画册〉》,《宗白华全集》第2卷,安徽教育出版社1994年版,第404页。

②《介绍两本关于中国画学的书并论中国的绘画》,《宗白华全集》第2卷,安徽教育出版社1994年版,第43页。

第五章　意境之求索

对以意境为代表的中国古典美学范畴进行现代阐释，是宗白华文艺美学研究的重要组成部分。他对艺术作品境界层次的探讨，经历了一个转折深化的过程。20世纪二三十年代发表的《艺术学》（讲演）中，他在研究西方艺术和美学的基础上，将“艺术世界之境层”分为四层，即印象主义、写实主义、理想主义、表现主义。后于1934年发表的《略谈艺术的“价值结构”》中，又将艺术视为三种价值结构的结合体：形式的价值即美的价值，抽象的价值即生命的价值、真的价值，启示的价值即心灵的价值、善的价值。直到撰写《中国艺术意境之诞生》（1943—1944）、《中国艺术的写实精神》（1943）、《中国艺术三境界》（1945）等文章的时候，他立足中国传统艺术和美学，将艺术意境的层次概括为写实、传神、造境三层。

对意境的探讨几乎贯穿于宗白华一生的美学研究。他对意境的阐释寻根于老子、庄子的哲学美学。在前人将艺术意境定位于情与景结合、主观与客观统一的基础上，宗白华将其看作由有限的意象来表达无限的审美情感的过程，强调意境由情景交融而达到的超越性境界。所以很多时候他会用到“艺境”“境界”“艺术境界”等术语，来表达他所感悟到的意境。在宗白华那里，中国的意境美学已经消解了现代与传统、个体与社会、自然与人生的诸多矛盾，而进入对深远幽渺的形而上宇宙本体论的体认之中。同时，宗白华还把对意境的抽象阐释与人的处身性需求结合起来，上升到人赖以安身立命的现实高度，这使得他的艺术意境理论具有了当下的现实意义。

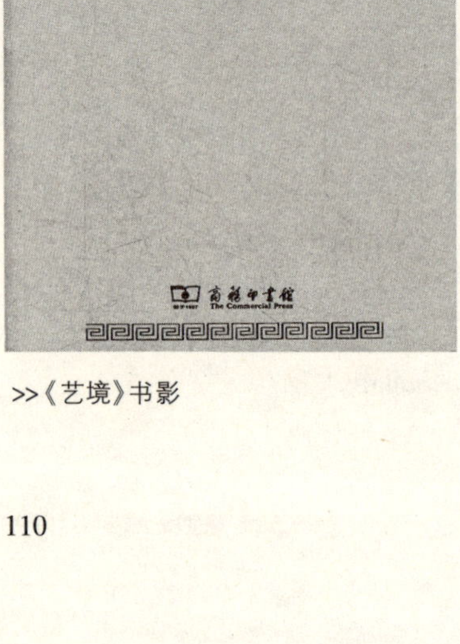

>>《艺境》书影

意境是艺术之美感力量的根源所在，它伴随着中国艺术与中国人的美感发展过程而渐趋成熟。对于意境的内涵和外延，早在唐代就有美学家将之上升到艺术本体论的范畴来关注了。唐代是我国诗歌艺术取得卓越成就的时代，王昌龄、司空图、皎然等美学家一边遨游在诗歌的国度里，一边探索诗歌艺术中所蕴含的意境美。王昌龄在《诗格》中将意境分为三类：“物境”，指的是自然山水的境界；“情境”，指的是人生经验的境界；“意境”，指的是人的心灵境界，亦即生命体验的境界，而最高的意境无疑是这三者的融合。之后，中唐诗僧皎然把“境”与“情”联系起来，提出审美情感是由“境”所引发的，是在特定的情境中才会产生的。而晚唐的司空图则另辟蹊径，他在论述诗歌意境共同的美学本质的基础上，还区分了诗歌意境的不同类型，将其分为二十四诗品，每品都用十二句四言诗加以说明，既有抽象的理论论述，又有形象的描绘。美学发展到现代阶段以后，意境仍然是学者们争相研习的对象。从晚清学者王国维开始，古代意境理论逐渐获得了现代性的生命，他在《人间词话》中对意境做了全面深入的研究和总结，并形成了完整的意境美学体系。宗白华则立足于意境自身的哲学根源和传统，从阴阳二气化生万物，万物皆禀天地之气以生，生生不已的阴阳二气织成一种有节奏的生命的中国哲学思想出发，揭示出意境理论的形而上品格，将中国艺术意境结构的特点，看作“艺”与“道”的美学思想的系统体现。

同样，宗白华也不拒绝以西方哲学美学理论为参照来阐释意境，对意境做出“三层次”和“两维度”的分析，这一分析方法深受康德对美的分析的影响，又融入现代人的感性意识和对现代美学的价值诉求，从而有效地推动了意境范畴的历史更新，使意境出现在中国现代美学体系中的时候，具有了不同于古代美学的新质。“现代的中国站在历史的转折点，新的局面必将展开。然而我们对旧文化的检讨，以同情的了解给予新的评价，也更显重要。就中国艺术方面——这中国文化史上最中心最有世界贡献的一方面——研寻其意境的特构，以窥探中国心灵的幽情壮采，也是民族文化的自省工作。”[①]这里，宗白华表明了自己的理论立场：站在现代性的学术文化语境中，对传统文化做出创造性的转化，以提升现代人的精神境界。在宗白华独特

---

①《中国艺术意境之诞生》，《宗白华全集》第2卷，安徽教育出版社1994年版，第356—357页。

的中西美学视野之中，意境成为中国文化现代精神的体现形态。他的艺术意境论以中国绘画为中心，涵盖诗、书、乐、舞、园林、建筑等各艺术门类，在艺术体悟中寻找出中国意境美学的独特意蕴；通过对意境的概念、创生、价值意义等做出界定，力图赋予传统意境理论以现代性的新质。

一、意境的三境层

在《中国艺术意境之诞生》的开篇，宗白华首先对意境的内涵做出界定。他说："什么是意境？唐代大画家张璪论画有两句话：'外师造化，中得心源。'造化和心源的凝合，成了一个有生命的结晶体，鸢飞鱼跃，剔透玲珑，这就是'意境'，一切艺术的中心之中心。"[①]宗白华引用了两句人们耳熟能详的话来将意境定位于艺术的一种独特境界："意境是造化与心源的合一。就粗浅方面说，就是客观的自然景象和主观的生命情调的交融渗化。"[②]这里他沿用的还是传统的意境理论。在接下来的论述中，宗白华提出了自己的独特看法："情和景交融互渗，因而发掘出最深的情，一层比一层更深的情，同时也投入了最深的景，一层比一层更透明的景。"[③]他指出意境不是平面的直抒其情，而是情与景均具有层次性。"景中全是情，情具象而为景，因而展现了一个独特的宇宙，崭新的境象，为人类增加了丰富，替世界开辟了新景。恽南田所谓'皆灵想之所独辟，总非人间所有！'这就是我的所谓意境。"[④]宗白华将意境看作一个层层递进的生命创化过程，强调情景完全融合所创造的

①《中国艺术意境之诞生》，《宗白华全集》第2卷，安徽教育出版社1994年版，第326页。
②《中国艺术意境之诞生》，《宗白华全集》第2卷，安徽教育出版社1994年版，第327页。
③《中国艺术意境之诞生》，《宗白华全集》第2卷，安徽教育出版社1994年版，第327页。
④《中国艺术意境之诞生》，《宗白华全集》第2卷，安徽教育出版社1994年版，第327页。

超越性境界。宇宙景物形态万千，人的主观思想感情也是丰富多彩的，所以情景交织构成的艺术意境也会“因人因地因情因景的不同，现出种种色相，如摩尼珠，幻出多样的美”①。形态万千的自然景物因人的主观情感的丰富多彩而呈现出超越现实生活的奇妙境界，并传达出宇宙生命的深层意蕴，这一境层就是由情景交融所生且又超越于情景之外的层面。同时，宗白华言意境，强调它又是一种心境、心中的灵境，强调艺术的美与人的心灵的重要关系。可见，他已经舍弃了单纯将意境看作意与境、心与物的主客观相统一的抽象说法，而赋予它更多的生命启示的意义。

在对意境的创生过程作了分析后宗白华说：“艺术意境不是一个单层的平面的自然的再现，而是一个境界层深的创构。从直观感相的模写，活跃生命的传达，到最高灵境的启示，可以有三层次。”②同时他又指出，“一切艺术的境界，可以说不外是写实，传神，造境：从自然的抚摹，生命的传达，到意境的创造”③。宗白华将意境的创生过程分成三个步骤：直观感相的模写、活跃生命的传达、最高灵境的启示，亦即写实、传神、造境这样三个层面；在对意境的层次分析过程中深化了心理体验的重要性，从而突出了意境的情感表现力度。

宗白华意境创构的第一个层次是“直观感相的模写”，亦即主观心灵对客观对象的直接反映。这一层是对客观物象的主观再现，因而纯属于写实层面。写实只是艺术尤其是绘画艺术创作的出发点，是艺术创构的最表层，而艺术家最后最高的使命应该是“以写实到传达生命及人格之神味，从传神

①《中国艺术意境之诞生》，《宗白华全集》第 2 卷，安徽教育出版社 1994 年版，第 359 页。
②《中国艺术意境之诞生》，《宗白华全集》第 2 卷，安徽教育出版社 1994 年版，第 362 页。
③《中国艺术的写实精神》，《宗白华全集》第 2 卷，安徽教育出版社 1994 年版，第 323 页。

到创造意境,以窥探宇宙人生之秘"①。中国艺术的写实是要达到传神的境界,画家不是简单地去描摹、表现生命,而在于创造出一个鲜活的真实的生命,艺术家须由直观感相的模写进入传达活跃的生命这一境层,这就进入了意境创构的第二个层面,即传达出活跃的生命来,也就是所谓的"传神"。它要求艺术家将客观意象返归于自我深心,使自然的生命节奏与艺术家的心灵节奏交相感应,宇宙万物的生命情调与艺术家的内在生命体验融为一体,从而揭示出更深的景与更深的情。作为意境深层创构的最高层次即最高灵境的启示,其所指,用宗白华的话来说,应是一种"鸿蒙之理",一种宇宙生命及其存在与发展的规律,也是中国人对宇宙的根本认识。

宗白华把意境看作人类生命情调的表现,是对宇宙生命有着深刻体验的一个审美范畴,是符合用生命本身体悟道的过程的。在他看来,体悟道的过程离不开对宇宙真相的揭示,他强调意境的根源仍然在于活跃的宇宙生命。道是宇宙万物的本体和生命,对于一切具体物的观照最后都要达到对道的观照这一高度。无论是王昌龄的"意境",还是王夫之的"无形"之境,都表现出对道的认同。哲思(道)也是构成高而深的艺术境界的重要条件,既统摄万物,又赋予万物以灵魂与生命。它通过情景交融的描绘,创造最高的灵境,揭示生活中某些带有本质性的规律,在宇宙人生的根本问题上给人以富有理性的启示。

在众多的艺术门类中,宗白华发现音乐和建筑的秩序结构能最直接地启示宇宙内部的和谐与节奏,他由此推断"一切艺术趋向音乐的状态,建筑的意匠"②。道沟通着宇宙、人生与艺术的关系,艺术又是以宇宙生命为总体

---

①《中国艺术的写实精神》,《宗白华全集》第2卷,安徽教育出版社1994年版,第325页。

②《中国艺术意境之诞生》,《宗白华全集》第2卷,安徽教育出版社1994年版,第333页。

对象的。整个宇宙,群生万殊,大化流行,生生不已,一切至动而有条理。"'道'的生命和'艺'的生命,游刃于虚,莫不中音,合于桑林之舞,乃中经首之会。音乐的节奏是它们的本体。所以儒家哲学也说,'大乐与天地同和,大礼与天地同节。'《易》云:'天地絪缊,万物化醇。'这生生的节奏是中国艺术境界的最后源泉。"①艺术要表现宇宙人生,须将其至动的生命纳入和谐的形式之中,以成就一个意义丰满的节奏性、音乐性的小宇宙。

在宗白华的意境理论中,"最高灵境的启示"这一境层映射着一种人格的高尚,是人的审美体验的最高点。艺术意境蕴含着理想人格,理想人格烛照着艺术意境。在他看来,最能唤起中国人宇宙意识的是自然山水。自然山水之所以会成为创造意境的表现对象,在于它可以作为艺术家"主观情思的象征"和"抒写情思的媒介"②,由此创造出一个崭新的宇宙,表写出艺术家胸襟中蓬勃无尽的灵感与生命气韵。而且,人胸中蓬勃无尽的灵感气韵也并不是只由一个固定的意象就能够表达出来的,需要大自然全副生命的参与。所以,与西洋画用人体作为表现对象不同,中国人将山水作为诗歌与绘画艺术的主要表现对象。"山川大地是宇宙诗心的影现;画家诗人的心灵活跃,本身就是宇宙的创化,它的卷舒取舍,好似太虚片云,寒塘雁迹,空灵而自然!"③变幻灵奇的山水画能够以深远的义理表达无穷的意趣,是中国画家所偏爱的题材,意境这一审美范畴的出现也与宋元时期写意山水画得到发展的艺术实践分不开。宗白华从现代美学的视点来考察意境与自然美的关系,自然美的意境就不再是儒家美学的比兴手段,而是主体情怀的象征;也不再是老庄美学流动的宇宙生命的载体,而是主体的意志和情欲的表现。

---

①《中国艺术意境之诞生》,《宗白华全集》第2卷,安徽教育出版社1994年版,第365页。
②《中国艺术意境之诞生》,《宗白华全集》第2卷,安徽教育出版社1994年版,第360页。
③《中国艺术意境之诞生》,《宗白华全集》第2卷,安徽教育出版社1994年版,第360—361页。

二、意境的两维度

宗白华在对意境做出三层次分析的基础上，又试图从另外一个切入点来考察意境所呈现出的美学特征。

> 而中国自六朝以来，艺术的理想境界却是“澄怀观道”（晋宋画家宗炳语），在拈花微笑里领悟色相中微妙至深的禅境。①
>
> 禅是动中的极静，也是静中的极动，寂而常照，照而常寂，动静不二，直探生命的本原。禅是中国人接触佛教大乘义后体认到自己心灵的深处而灿烂地发挥到哲学境界与艺术境界。静穆的观照与飞跃的生命，构成艺术的两元，也是构成“禅”的心灵状态。②

禅宗美学将禅视为生命之美最集中的体现，是宇宙万物的法则，是生命本体与宇宙本体圆融一体的境界，是一种宁静淡泊而又生机勃勃的境界。而意境的创构，也是主体在虚静的观照之中，将个体生命投入宇宙生命的内核，并超越感官所及的具体、有限的表象，超越时空和生命，以获得人生、宇宙的奥妙，达到生命的自由。宗白华从对禅境的分析入手言意境，说明美学意义上的意境说的产生，离开了佛教对“境”的解释是无法进行的，正是佛教的传入和流播，使“境”从主“物”转向主“心”。

静穆的观照与活跃的生命是艺术意境的两元，同时也代表着艺术的两

---

①《中国艺术意境之诞生》，《宗白华全集》第2卷，安徽教育出版社1994年版，第363页。
②《中国艺术意境之诞生》，《宗白华全集》第2卷，安徽教育出版社1994年版，第364页。

种境界。“所以艺术意境的创成，既须得屈原的缠绵悱恻，又须得庄子的超旷空灵。缠绵悱恻，才能一往情深，深入万物的核心，所谓‘得其环中’。超旷空灵，才能如镜中花，水中月，羚羊挂角，无迹可寻，所谓‘超以象外’。色即是空，空即是色，色不异空，空不异色，这不但是盛唐人的诗境，也是宋元人的画境。”①宗白华用屈原的缠绵悱恻和庄子的超旷空灵来解释这种统一。中国艺术境界中所表现的生命是客观的自然生命，因而中国艺术境界的深层是静寂，但是意境又是自由生命的创化和实现，是对生生不息、变化无穷的宇宙生命的审美感悟，所以在静穆的观照之中又能传达出生命的活跃。宗白华在评价吕斯伯的画时，有一段非常精彩的关于艺术意境中“静境”的论述。在他看来，画中的静境是最不容易得到的，因为“静不是死亡，反而倒是甚深微妙的潜隐的无数的动，在艺术家超脱广大的心襟里显呈了动中有和谐有韵律，因此虽动却显得极静。这个静里，不但潜隐着飞动，更是表示着意境的幽深”②。只有抛开一切凡尘世俗的东西，才能够抵达这个幽深的境界。翻开中国文学史，像陶渊明、王维、孟浩然、韦应物这些一流的大诗人，才能抒写出这最深的静境。

宗白华早年欣赏的是淡泊明净的美，后来又特别强调艺术中“动”的生命创造。尤其在抗战的烽火中，宗白华希望艺术家能够以大地为素纸，以学艺为鸿钧，以良知为主宰，来创造新世界新生活。通过对晋人之美的考察，他发现魏晋书法“行草艺术纯系一片神机，无法而有法，全在于下笔时点画自如，一点一拂皆有情趣，从头至尾，一气呵成，如天马行空，游行自在”③。宗白华十分喜爱中国的敦煌艺术。在敦煌艺术中他发现了另外一个世界，

---

①《中国艺术意境之诞生》，《宗白华全集》第2卷，安徽教育出版社1994年版，第331页。
②《凤凰山读画记》，《宗白华全集》第2卷，安徽教育出版社1994年版，第377页。
③《论〈世说新语〉和晋人的美》，《宗白华全集》第2卷，安徽教育出版社1994年版，第271页。

一个不是通过静穆的观照，而是以更世俗、更热情的精神来表达生命跃动的艺术。宗白华为之震惊和倾慕。敦煌的壁画艺术代表的就是一种“活跃的生命”的“动”的艺术境界，“飞”是敦煌艺术的精神理想，在飞动奔放的线条、色彩和形象之中，传达出最内在的生命活力。敦煌艺术中流动着中华先民创造生活的伟力、活力、热力和想象力，带给他以生命的震撼。

在对艺术意境这两个维度进行阐释的过程中，“静照”成为宗白华关注的核心。人与宇宙自然融合无间的生命意识只能靠生命的内在体悟来把握，这使得中国人的致思方式趋向于人的内心世界，注重对心灵的观照。对审美对象不做条分缕析的系统把握，而强调整体统观；表现在作品中，则是追求和表现极度的宁静恬适、淡泊洒脱的心灵境界，不能有一丝一毫的内心骚动和不安焦虑。所以，通过“澄心静观”以直接把握对象、领悟其生命意蕴的心灵观照成为中国意境的旨趣所在。在对六朝美学的考察过程中，宗白华还发现在一个如此混浊、丑恶、残忍的社会里却产生了高洁超迈的人格，创造出光辉灿烂的美和艺术来，是因为晋人能够潇洒超脱而不滞于物，以审美的静观态度来对待社会和他人。他由此得出结论：“‘静照’是一切艺术及审美活动的起点。”①艺术审美中的静照是超越一切现实的利害关系、不付诸意志行动、没有概念参与的直觉活动。

静照是一种高级审美追求，它对艺术家自身的人格和修养也提出了很高的要求。审美静照作为一切艺术和审美活动的特点，不仅包含艺术家的人格修养问题，而且也包含着审美心理距离的问题。在处理这个问题上，宗白华受康德的审美无功利思想和老庄的“至虚极，守静笃”思想的影响，主张

①《论〈世说新语〉和晋人的美》，《宗白华全集》第2卷，安徽教育出版社1994年版，第275页。

"静照的起点在于空诸一切,心无挂碍,和世务暂时绝缘"①。宗白华将美感理解成一个纯心理的过程,而忽视了它的实践意义。后来他也逐渐意识到了这一点,在后期对康德哲学进行批判的时候,他不仅把审美静观作为一种心理经验来看待,更作为一种社会事实来加以认可。

在对中国艺术的研究过程中,宗白华始终把舞蹈作为一切艺术境界的典型,因为舞蹈是将静穆的观照与活跃的生命结合得最好的一种艺术形式。

> 然而,尤其是"舞",这最高度的韵律、节奏、秩序、理性,同时是最高度的生命、旋动、力、热情,它不仅是一切艺术表现的究竟状态,且是宇宙创化过程的象征……只有"舞",这最紧密的律法和最热烈的旋动,能使这深不可测的玄冥的境界具象化、肉身化。②

这种自由而热烈的舞蹈精神,既是中国的艺术精神,也是中国的哲学精神。"在这舞中,严谨如建筑的秩序流动而为音乐,浩荡奔驰的生命收敛而为韵律。艺术表演着宇宙的创化。""'舞'是中国一切艺术境界的典型。"③在宗白华眼里,每一种艺术都贯穿着舞蹈精神,诸如中国绘画追求气韵生动,中国书法结体沉圆,舞蹈讲究长衣飘拂,建筑讲究飞檐翘角。同样,中国哲学常用"周而复始""无往不返"来形容宇宙运行的规律,这些都表现出中国人对自由生命的热烈而永久的追求。"人类这种最高的精神活动,艺术境界与哲理境界,是诞生于一个最自由最充沛的深心的自我。这充沛的自我,真力弥满,万象在旁,掉臂游行,超脱自在,需要空间,供他活动。于是'舞'

---

①《论文艺的空灵与充实》,《宗白华全集》第2卷,安徽教育出版社1994年版,第345页。
②《中国艺术意境之诞生》,《宗白华全集》第2卷,安徽教育出版社1994年版,第366页。
③《中国艺术意境之诞生》,《宗白华全集》第2卷,安徽教育出版社1994年版,第369页。

是它最直接、最具体的自然流露。”[①]“深沉的静照是飞动的活力的源泉。反过来说，也只有活跃的具体的生命舞姿、音乐的韵律、艺术的形象，才能使静照中的‘道’具象化、肉身化。”[②]所以，静照只是一切艺术及审美生活的起点，重要的是要表现出活跃而至动、有节奏有韵律的生命来。但是不可否认的是，“深层的静照是飞动的活力的源泉”[③]。这二者遵循着相依相存的辩证法则。宗白华追求静穆的观照与活跃的生命相结合的艺术境界，这也是东方型古典和谐的意境美向“宇宙生命的动象”的现代型意境的审美转化。

三、虚与实

在宗白华看来，意境生成的诸因素中除了艺术意象（实）以外，还应该包括艺术情趣、艺术氛围以及艺术想象（虚）等共同营造的一个超越性境界。在《中国诗画中所表现的空间意识》（1949）、《中国艺术表现里的虚与实》（1961）、《中国美学史中重要问题的初步探索》（1962）等文章中，宗白华对由虚实相生而产生的意境问题做出探讨。他曾引方士庶在《天慵庵随笔》中的一段话：“山川草木，造化自然，此实境也。因心造境，以手运心，此虚境也。虚而为实，是在笔墨有无间。”宗白华认为中国绘画的整个精粹在这几句话里，而他文章的千言万语也都是为了阐释这段话的微言大义。在他看来，“虚实为意境的底相”，艺术创作的最高境界应该是“以虚带实，以实带虚，虚中有实，实中有虚，虚实结合。”[④]“化实境为虚境，创形象为象征。”[⑤]虚

---

①《中国艺术意境之诞生》，《宗白华全集》第2卷，安徽教育出版社1994年版，第368—369页。

②《中国艺术意境之诞生》，《宗白华全集》第2卷，安徽教育出版社1994年版，第367页。

③《中国艺术意境之诞生》，《宗白华全集》第2卷，安徽教育出版社1994年版，第367页。

④《中国美学史中重要问题的初步探索》，《宗白华全集》第3卷，安徽教育出版社1994年版，第455页。

⑤《中国美学史中重要问题的初步探索》，《宗白华全集》第3卷，安徽教育出版社1994年版，第457页。

实是艺术意境中重要的一对美学范畴，虚实结合是艺术意境创生的最高表现，这是中国艺术的共同特点，也成为中国美学思想当中的核心问题。

宗白华从中国人“一阴一阳之为道”的基本宇宙观出发，认为中国绘画艺术的空间意识就是用“一虚一实、一明一暗”①的线条节奏表现出来的。道又与有无、虚实等范畴紧密关联。“道可道，非常道”，道是一种难以把握的宇宙规律，也是人们所必须遵循的法则。“道之为道，惟恍惟惚”。这个恍惚之道就是无，万物皆生于无，道与无、气等共同构成中国文化完整的宇宙观。《易经》中的乾坤感荡、阴阳相推的思想，老子的“大成若缺”“大音希声”，荀子的“形俱而神生”，刘禹锡的“空者，形之希微者也”，张载的“虚空即气”，王夫之的“虚必成实，实中有虚”，这些思想观点都成为中国艺术中虚与实的哲学基础。在中国文化以无为本的宇宙空间中充满了气，气化流行，衍生万物。气滞凝聚，形成实体，实体之气散而物亡，又复归于宇宙流行之气。气涵盖了生命现象从主体到客体、从物质到精神的整个过程。因此，有与无、实体与虚空并不是截然对立的，而是气的两种形态。有无相辅相成，虚实相异而成。正是有无的永恒转化，构成了气的宇宙生生不息的运行；正是这虚实相生演绎了大千世界的生动景象，承载了中国文化的博大精深。中国人将气作为宇宙的本源，主要是从气的动力功能而言。同样，宗白华在使用“气韵”“灵气”“节奏”“流行”等用语时，也是将气解释为贯穿于道之中的一种活跃运动的力，一种流淌于艺术空间中的生命。

艺术是虚与实、主观与客观的结合，同时也是化景物为情思的过程。“化景物为情思”作为虚实理论的一个重要的审美特征，最早是由范晞文提出来的。他在《对床夜语》中说：“《四虚序》云：不以虚为虚，而以实为虚，化

---

①《中国诗画中所表现的空间意识》，《宗白华全集》第2卷，安徽教育出版社1994年版，第434页。

景物为情思,从首至尾,自然如行云流水,此其难也。”他把诗歌所描写的景物看作实,而把通过写景所表达的思想感情看作虚。艺术不能以虚为虚,抽象地去表现思想感情,而必须以实为虚,用外在的形象去表现内在的精神,用可描写的去表现不可描写的。宗白华在前人研究的基础上,认为“化景物为情思,这是对虚实结合的正确定义”①。以虚为虚,就是完全的虚无;以实为实,景物必然是呆板而没有生命的;只有以实为虚、化实为虚,才能产生无穷的意味、幽远的意境。

在虚实相生的艺术创化过程之中,宗白华突出了艺术想象的重要作用。艺术“通过逼真的形象表现出内在的精神,即用可以描写的东西表达出不可以描写的东西”②。艺术不但可以表现客观的现实世界和人的主观思想感情,而且还可以创造出一个比现实世界更加丰富多彩的超越性境界。宗白华给虚与实下了定义:“艺术家创造的形象是‘实’,引起我们的想象是‘虚’,由形象产生的意象境界就是虚实的结合。一个艺术品,没有欣赏者的想象力的活跃,是死的,没有生命,一张画可使你神游,神游就是‘虚’。”③这里的“实”代表的是艺术作品中客观方面的东西,“虚”代表的是艺术作品在鉴赏者主观方面引起的想象活动,作品本身的虚实又导致在鉴赏者心理上产生了一个由虚静而充实的过程。同时,“艺术是一种创造,所以要化实为虚,把客观真实化为主观的表现”④。在这里,实又是指外在的客观景物,虚

---

①《中国美学史中重要问题的初步探索》,《宗白华全集》第3卷,安徽教育出版社1994年版,第456页。

②《中国美学史中重要问题的初步探索》,《宗白华全集》第3卷,安徽教育出版社1994年版,第456页。

③《中国美学史中重要问题的初步探索》,《宗白华全集》第3卷,安徽教育出版社1994年版,第454页。

④《中国美学史中重要问题的初步探索》,《宗白华全集》第3卷,安徽教育出版社1994年版,第458页。

是指艺术家将客观真实化为主观的情思，化为艺术作品。这是单就艺术家的创作过程来言虚实的，艺术作品是主观之虚与客观之实的结合，也就是艺术创作的化景物为情思的过程。中国古代诗人、画家在表现万物的动态、刻画真实的生命和气韵的时候，就是采用虚实结合的方法，通过“离形得似”“不似而似”的表现手法来把握事物生命的本质。不只是中国画家追求虚实相生的意境美，罗丹作品的特点正是重视阴影在塑形上的价值。宗白华在研究罗丹艺术所做的札记中，对“舍形而悦影”的审美观照法做了阐释：“影子虽虚，恰能传神，表达出生命里微妙的、难以模拟的真。这里恰正是生命，是精神，是气韵，是动。”①这也是以影带形、以虚带实的审美观照法，而想象是这两者过渡的桥梁。宗白华还通过分析诗境与画境的区别与联系来说明想象在绘画与诗歌艺术中的重要作用。他认为，诗境是不能画出来的，但是却可以移绘画的境界入诗的境界之中，这样，绘画的境界就是虚的境界，诗歌的境界为实的境界，反之亦然。凡是具有深远意境的作品，都会在具体有形的形象之外，存在着一个与此相联系的无形的形象，因而产生言有尽而意无穷的艺术效果，司空图把它概括为“象外之象，景外之景”。第一个“象”或“景”是指艺术作品中所描绘的实体部分，第二个“象”或“景”则是由第一个比喻、暗示、象征而表现出来却又没有被直接描绘的虚拟的部分，它的获得需要读者想象力的参与来完成。这个虚象有如镜中花、水中月，可意会而不可言传，它存在于想象的虚幻世界当中，这也是艺术形象所要达到的以实带虚、虚实相生的境界，需要艺术想象在中间发挥作用才能达到这一境界。艺术只有将主观与客观相结合，才能创造出美的形象，而艺术想象则是沟通这两者的桥梁。

---

①《形与影——罗丹作品学习札记》，《宗白华全集》第3卷，安徽教育出版社1994年版，第444页。

四、空灵与充实

与虚实相联系的是艺术家心灵的空灵与充实。艺术中的“虚”追求的是空灵的审美理想，艺术中的“实”则要实现的是充实的审美理想，这是中国艺术精神中截然相反而又紧密关联的“两元”。意境的创生在很大程度上依赖于艺术家的人格修养，而后者形成的关键在于艺术心灵的培养。艺术的心灵一方面需要“空灵”，这样才能沉潜到万物的核心，得其理趣；另一方面需“充实”，它来自于对生活的体验，是生活体验的充实和情感的丰富。宗白华认为，在中国古代艺术家中只有魏晋时代的人才具有这种潇洒超脱的人格涵养，所以那一时代产生的艺术具有空灵通透之美。

一般地说，虚与实或曰空灵与充实在艺术中居于同等重要的地位，无高低之分。但是历来的学者似乎更强调艺术的绝妙之处在于发挥虚的作用。无论是刘禹锡所说的“境生于象外”，还是司空图所说的“超以象外，得其环中”，都意在突出虚的部分的意义与价值。宗白华一向认为，中国的艺术中都贯穿着一种舞蹈的精神，辩证地结合着虚与实，这种空间感明显地区别于西洋几何学的空间感。诸如中国的书法艺术就是由舞蹈动作显示出虚灵的空间境界。又如，中国诗人、画家对艺术中的虚空和空白情有独钟，将之视为精神升华和宇宙表现的最高境界。但同时宗白华也辩证地指出，中国艺术也是非常讲究充实或曰写实的。诸如就中西绘画来说，如果站在油画或写生画的角度来看，中国绘画似乎不能算作写实画，其实中国绘画也是非常讲究写实的。“盖中国古代绘画，实先由形似之极致，而超入神奇之妙境者也。花鸟虫鱼之为写实不论矣；即号称理想界之山水画，实亦画家登高远眺之云山烟景……且画家所欲画者，自然界之气韵生动。刘熙载云：‘山之精神写不出，以烟霞写之。春之精神写不出，以草树写之。'于此可以窥见中国画家写实而能空灵之秘密矣。"[①]在中国画家那里，写实方面达到的精深程度是艺术创作甚为关键的一步，但是中国绘画的写实不是仅仅停留于表现主义的再现现实，而是要由此深入艺术的更深层次，写出宇宙生命之实，写出生生的节奏之实，中西绘画写实的差异也正在于此。

中国人在这虚空之中寻找的究竟是什么东西呢？宗白华试图通过宇宙空间与审美空间相沟通来获得对这个问题的解决。宗白华曾用"太虚片云，寒塘雁迹"[②]来形容艺术的空灵境界。"太虚""寒塘"是空，是广阔空虚的大宇宙；"片云""雁迹"则是灵，是宇宙中活跃的生命律动。审美空间中的虚空、虚白就是超越宇宙本体的道的显现，当诗人、画家将自我跃入虚无之中时，就会感受到一种自我与宇宙中某种具有超越价值相结合的精神体验。在中国诗歌与绘画中都有"空中点染""抟虚成实"的表现方法，诗、词、画中的空间形成一种空灵之气。宗白华欣赏中国绘画中的空白，在空旷无边的虚白之中，却凝聚着真实而鲜活的自然生命，透过生命的最深境层，就可以捕捉到"视之不见，听之不闻，搏之不得"的道。这是中国诗人和画家的真正用心所在，也是中国艺术最能传达出空灵动荡的幽深之境的原因。宗白华还注意到，艺术的空灵需建立在艺术家的人格胸襟之上，艺术家只有达到淡泊、宁静谐和、事外有远致的精神境界，才能使艺术空灵化。

宗白华还从中国书法与绘画中发现了一个非常可贵的东西，那就是空白的美。从艺术接受的角度看，优秀的艺术品总是能最大限度地调动起接受者的想象力，使之主动积极地发挥其填补艺术空白的心理功能。所以，艺

---

①《徐悲鸿与中国绘画》，《宗白华全集》第2卷，安徽教育出版社1994年版，第51页。
②《中国艺术意境之诞生》（增订稿），《宗白华全集》第2卷，安徽教育出版社1994年版，第360—361页。

术创作要考虑到有足够的空间留给读者。中国的绘画和书法可谓很好地体现了这一点。中国的汉字由点画连贯穿插而成，一个汉字一个结构，就像一座园林、建筑的设计，尽管二者有大小、繁简之别，但都要求虚实相生，都要考虑空间的分布与组织。中国绘画全赖线条的运用，线条之间就是空白，这是画面的重要组成部分。空白之美的产生，全仰赖虚实相生创作法则的应用，无笔墨处，正是艺术家用心所在。中国画家面对空白纸，不像西洋画家那样让各色油画填满了画面，而是直接在一片虚白上任意地挥洒，表现生命的律动。其所绘景物的背景、自然生命的活动场所，却被表现为一片无边的空白。纸上留有空白，体现了中国人特有的时空意识和崇尚空灵的审美价值取向。埃及、希腊的艺术都是一种团块的结构，中国艺术却要打破这种团块结构，使它们有虚有实，畅然疏通。形式虽简，却包含着无穷丰富的意蕴。于是，中国古代美学中独特的“空白之美”得以产生。正如艺术理论家冈布里奇对中国艺术的独特评价：对于艺术空白的作用的认识，中国古代艺术“比其他地方的艺术传统要理解得更深刻”①。他转引了中国古代画论中的一段话：“必须无目而若视，无耳而若听。……实有数十百笔不能写出者，而此一笔忽然而得，方为入微。”并赞叹道：“意到笔不到”这一格言“可以作为本章的一句箴言”。最后，冈布里奇总结说：“也许正是这种与书法有着密切关系的中国艺术的有限视觉语言，激发了观赏者完成和投射的这些要求。”②这里的“有限的视觉语言”也就是恰当地运用简约化的艺术符号，以此来制造空灵简化的“空白之美”。其实不只是绘画与书法，空白的美对于各种艺术都有普遍的意义，音乐中的空白就是无声，所谓“此时无声胜有声”（白居

①[英]冈布里奇著，周彦译：《艺术与幻觉》，湖南人民出版社1987年版，第195页。

②[英]冈布里奇著，周彦译：《艺术与幻觉》，湖南人民出版社1987年版，第195页。

易《琵琶行》),反而能够达到更好的审美效果;中国戏剧的舞台更是不置任何实景使特定的空间具体化,而是空无一物,观众则由演员的表演通过想象在头脑中产生出实景来。此外,像诗文、小说、戏剧,也无不讲究空白之美。虽然各门艺术在结构组织上各有不同,在空间的表现形态方面也不完全一样,但是在重视空间之美上都是一样的。

宗白华非常注重艺术意境中的空灵以及由空灵所带来的审美对实用功利的超越,这与中国古代的审美意识是一脉相承的。但是他并没有停留在这空灵之上,在强调“宁空勿实”的同时,试图使意境走出狭隘的情景交融说,而创造出色彩流韵的真景和浓丽清新的色相世界,这也是宗白华美学思想体现出现代性特征的一个重要方面。在对艺术中的虚与实做出分析以后,宗白华强调意境与现实的人生体验相关联,强调意境的充实性与开阔性。在他看来,生命的境界非常广大,包括经济、政治、社会、宗教、哲学等等,这一切都可以在艺术中获得鲜活的反映,因为“文艺境界的广大,和人生同其广大;它的深邃,和人生同其深邃”①。这是艺术充实性的特点,它同样反映出一种美,一种孟子的“充实之谓美”。另一方面,文学艺术还可以凭借它所创造的艺术形象和“冰清玉洁,脱尽尘滓”的艺术世界而表现空灵的美。可见,在宗白华的现代性美学视野中,充实指的是艺术中所表现的社会生活世界的广阔和丰富多彩,而空灵就是超越于这现实世界之上的艺术的超越性境界。西方艺术中的悲剧艺术和歌德的人生和创作所表现出的是一种充实之美,而中国的书法和山水画在简淡中包具无穷境界,表现出的是一种空灵之美。

---

①《论文艺的空灵与充实》,《宗白华全集》第2卷,安徽教育出版社1994年版,第345页。

第六章　散步者的哲学冥思

在学术研究的晚年时期，宗白华对中国美学的探索更趋系统化和科学化，从对人格精神美的重视转而去研究抽象艺术美，由为现代人寻找精神安顿之家园到在各门艺术领域中自由自在地散步。20世纪50年代末，宗白华发表了《美学的散步》一文，标志着他从中年的体验美学家转向了晚年的散步美学家。在这一时期发表的文章主要有：《美从何处寻》(1957)、《读〈论美〉后一些疑问》(1957)、《美学的散步》(1959)、《道家与古代时空意识》(1959)、《康德美学思想述评》(1960)、《中国书法里的美学思想》(1962)、《中国古代的音乐寓言与音乐思想》(1961)、《中国美学史中重要问题的初步探索》(1962)等。宗白华的散步足迹遍布书法、绘画、音乐、舞蹈、建筑、雕塑等各个艺术领域，他力图找到各门艺术独特的审美特点以及与其他艺术的相通之处。在对艺术的审美鉴赏之中宗白华完成了艺术式的人格理想的建构，并且仍然强调他一贯主张的在比较中见出中国美学特点的研究方法，提出要重视中国人美感发展史的研究和发展中国艺术创作的问题。

一、美学的散步

宗白华的美学研究，有其独特的方法和风格，即散步的方式。散步美学是自由自在、无拘无束的，它寓于偶然的灵感和个人的趣味之中。丰富的想象、灵感的产生、伟大的智慧，都是在轻松的情绪状态下产生的。在亚里士多德那里，散步是一种独特的学术风格和气质；在歌德那里，散步是产生思想的最好方式；在宗白华那里，在散步中寻到了美。在自由自在、无拘无束的散步之中，宗白华建立起独特的中国美学的散步学派。

散步是自由自在、无拘无束的行动，它的弱点是没有计划，没有系统。看重逻辑统一性的人会轻视它，讨厌它，但是西方建立逻辑学的大师亚里士多德的学派却唤作"散步学派"，可见散步和逻辑并不是绝对不相容的。中国古代一位影响不小的哲学家——庄子，他好像整天是在山野里散步，观看着鹏鸟、小虫、蝴蝶、游鱼，又在人间世里凝视一些奇形怪状的人：驼背、跛脚、四肢不全、心灵不正常的人，很像意大利文艺复兴时期大天才达·芬奇在米兰街头散步时速写下来的一些"戏画"，现在竟成为"画院里的奇葩"。庄子文章里所写的那些奇特人物大

>> 未名湖畔散步的美学家

概就是后来唐、宋画家画罗汉时心中的范本。

散步的时候可以偶然在路旁折到一枝鲜花，也可以在路上拾起别人弃之不顾而自己感兴趣的燕石。

无论鲜花或燕石，不必珍惜，也不必丢掉，放在桌上可以做散步后的回念。①

这种散步美学的思维方式偏重于从对艺术的直观感受来发挥主观看法。宗白华不喜欢把自己的思想整理成一个严密的系统，也不苛求严格的逻辑分析或详尽的系统论述，而更倾向于对研究对象进行富有哲理情思的把握，即使有独特的感受和见解，也不是经过论证得来的。因为在他看来，美学的研究应该有不同的方法。比如，柏拉图是用对话的方式谈美和艺术，

①《美学的散步》，《宗白华全集》第 3 卷，安徽教育出版社 1994 年版，第 284—285 页。

康德以严肃分析的方式研究美的判断力，而西方近代的一些美学家习惯于从心理分析的角度探讨审美意识，魏晋六朝时期文人则喜欢从人物的言行之中欣赏美。由此他得出结论："美学的内容，不一定在于哲学的分析，逻辑的考察，也可以在于人物的趣谈、风度和行动，可以在于艺术家的实践所启示的美的体会与体验。"①宗白华的美学研究，更多地从艺术实践出发，而很少做抽象的观念、纯粹的理论研究。因此，他的美学文章能够融学术性与趣味性为一体，其学术文章也像艺术品的创作，能给人带来审美的愉悦。正因如此，宗白华的美学研究不同于其他美学家而独具特色，并在我国现代美学中独树一帜。

散步的美学研究方式并没有影响宗白华对于审美理论的逻辑系统的关注，他试图建立的中国美学范畴就是一个例证。宗白华所建立的散步美学学派，并不是单纯从诗化语言和直觉兴趣的感受来阐发艺术美的真谛，而在于他能以精辟的语言去注解美学史上所概括出的形象思维和逻辑系统。所以，他的研究对象虽然不是纯粹的概念逻辑，却是一切审美心理的形象逻辑，或曰情感逻辑。读宗白华的美学著作，"未必就如散步那样轻松，然而却又能唤起人们始于足下的游兴"②。

宗白华散步的哲学冥思方法还与中国古代哲学，尤其是庄子的"逍遥"哲学观的影响分不开。早期他在对中国美学史做断代研究、在寻找中国文化的美丽精神时，更多谈到的是孔子的礼乐文化以及《周易》中的美学思想，晚年的时候他更喜欢谈庄子。在《道家与古代时空意识》一文中，宗白华对老庄的时空观和人生观做了比较。以老庄为代表的道家学派都是脱离生产

---

①《艺苑趣谈录》，《宗白华全集》第3卷，安徽教育出版社1994年版，第604页。

②丁羲元：《朴质无华》，《文学报》1982年12月25日。

实践的理论家，喜欢对世界做静观的冥想。但是二人观察事物的方式有所不同，老子喜欢从永恒的虚空中体悟宇宙的道，并从中引申出人生的道，将虚空提高到形而上的道，来观察形而下的器。老子说："致虚极，守静笃。万物并作，吾以观其复。"(《道德经》)只有排除了内心的杂念和妄见，达到心灵的空旷宁静，才能反观自我。他又说："夫物芸芸，各复归其根。归根曰静，静曰复命。"(《道德经》)万物最后都要归其根本，"归根"就是所谓的静，反过来，达到虚静的状态也就是复归了本性，他强调"无为而治"和"归于自然"。而庄子却充分摆脱了老子思想当中的消极面，他要自由自在地"游"于这大而无垠的空间当中，所以，庄子的空间意识是"深闳而肆"，是"无穷广大、无穷深远而伸展不止、流动不息的"。[①] 他从一切实用、利害乃至逻辑因果的束缚中超脱出来，而与大自然生命融为一体。这样就可以超越忧虑和烦恼，以达到"独与天地精神往来"的"游"的境界。

在宗白华看来，庄子是中国传统文化中最具诗人气质和审美心灵的哲学家，在他那生趣盎然的音乐寓言故事里，往往透出一种似乎可以穿透一切的思辨色彩来。在随后写作的《中国古代的音乐寓言与音乐思想》一文中，宗白华对老庄的时空观做了进一步的分析。

> 老庄谈道，意境不同，老子主张"致虚极，守静笃，万物并作，吾以观其复"。他在狭小的空间里静观物的"归根""复命"。他在三十辐所共的一个毂的小空间里，在一个抟土所成的陶器的小空间里，在"凿户牖以为室"的小空间的天门的开阖里观察到"道"。道就是在这小空间里的出入往复，归根复命。所以他主张守其黑，知其白，不出户，知天下。

---

①《道家与古代时空意识》，《宗白华全集》第3卷，安徽教育出版社1994年版，第282页。

> 他认为“五色令人目盲，五音令人耳聋”，他对音乐不感兴趣。庄子却爱逍遥游。他要游于无穷，寓于无境。他的意境是广漠无边的大空间。在这大空间作逍遥游是空间和时间的合一。而能够传达这个境界的正是他所描写的，在洞庭之野所展开的咸池之乐。所以庄子爱好音乐，并且是弥漫着浪漫精神的音乐，这是战国时代楚文化的优秀传统，也是以后中国音乐文化里高度艺术性的源泉。①

宗白华推崇的是庄子时空合一的哲学观。庄子能够在“最深微的结构和规律”之中体味“道”的存在，它是无声、无色，难以摹写的，却又是“动的，变化着的，像音乐那样”②。这个充满了创造活力的生命本体把天地万物当作自己的艺术品，但是这个伟大艺术品的创造者却不具有人格意志，而是“虚静恬淡，寂寞无为”(《庄子·天道》)。它不受任何功利目的和形式法则的束缚，如果说它的创造遵循了一定的法则的话，那就是“道法自然”“无为而无不为”“无法而无不法”，亦即康德所言“无目的的合目的性”“无规律的合规律性”。通过对有限的可以被感知的自然之物的审美观照，去体验那无限的只可意会不可言传的自然之道。这种态度也就是“游”，游就是“不知所求”“不知所往”，没有功利计较，不受物象束缚，但又天然地合乎规律。在中国古代哲人那里，恬然乐之的逍遥心境是最高的境界，而音乐所带给人的正是这样一种“惟恍惟惚”的精神境界。庄子所达到的人生境界是同时代其他人所不及的，也为后来的艺术家们所仰慕。魏晋时期兴盛自由率性、纯朴自然文风，并在艺术上能够达到空前的繁荣，与庄子思想活跃于当时的文坛是

---

①《中国古代的音乐寓言与音乐思想》，《宗白华全集》第3卷，安徽教育出版社1994年版，第440页。
②《中国古代的音乐寓言与音乐思想》，《宗白华全集》第3卷，安徽教育出版社1994年版，第438页。

分不开的。在对庄禅境界、魏晋风度的追慕中，宗白华寻找到一片心灵的净土。

正是这种独特的人生观和散步者的姿态，使得宗白华的美学研究很少单纯地去论述美和艺术本质，而是把对美的本质的理解融入对艺术意境的求索之中。在20世纪50年代热烈的美学大讨论之中，在主观派、客观派、主客观合一派已经交锋得十分热烈的时候，宗白华发表了《谈〈论美〉后一些疑问》来与高尔泰商榷。与当时那种言辞尖刻的批判文章完全不同，他只是举了许多日常生活中鲜活的例子，来论证“美是主观的”观点的错误，指出高尔泰的文章逻辑性不够强。他认为，首先有一个美的对象的存在，其次我们才去考察人们接受美的事物的客观和主观条件，分析美的事物的内容和结构，这样才会建立起美学来。

宗白华又发表《美从何处寻》一文，从自己习得的马克思主义唯物辩证观出发，用诗一般的语言来阐明审美的主观心理条件和客观物质条件，批评了主观派的美学。“美不但是不以我们的意志为转移的客观存在，反过来，它影响着我们，它教育着我们，提高生活的境界和意趣。”①美是存在于客观事物中的，人的美感也是一种客观的对象。当然，美感的获得并不完全来源于客观世界，它也需要人主观心灵的积极参与，需要主体“克服了小己的私欲和利害的计较”，才能透过事物表面的实用层面而发现美的特征。所以，艺术的创造过程就是“我们要把整个情绪和思想改造一下，移动了方向，才能面对美的形象，把美如实地和深入地反映到心里来。再把它放射出去，凭借物质创造形象给表达出来，才成为艺术”②。主体越能够忘掉自我，排除自

①《美从何处寻》，《宗白华全集》第3卷，安徽教育出版社1994年版，第273页。
②《美从何处寻》，《宗白华全集》第3卷，安徽教育出版社1994年版，第269页。

己的情绪波动，就越能“漱涤万物，牢笼百态”（柳宗元《愚溪诗序》）。美也要在具体的形象之中，通过观赏艺术的美才能发现人心灵的美。所以，只在心里去寻找美是不够的，需要投入整个自然、社会和人生的具体形象中去寻找。主观的心灵要表现出美，则要看它是否体现出宇宙万象的节奏和旋律。“艺术的境界主于美。所以一切美的光是来自心灵的源泉：没有心灵的映射，是无所谓美的。”①在他看来，说美是主观的或客观的，都不是对美的最好把握，因为美与人的生命是融为一体的，而生命是没有主客观之分的。

宗白华参与美学大讨论仅限于发表以上两篇文章，之后他就开始在未名湖的湖光山峦之间散步了。当美学界将热烈的探讨更多地集中在争论“美的本质为何”等问题的时候，宗白华却表现出对形式美的偏爱。纵观古今，对形式美的研究成果已经非常丰硕可观了，但是人们大多偏向于对视觉艺术形式美的研究，而对听觉艺术形式美的研究相对薄弱一些；其次，大多数人对艺术形式美的理解，都是将之作为物质材料的美和组合规律的美两个方面；其三，一般的研究者大多只涉猎两三种艺术，很难对整个艺术领域做出全面的分析，而宗白华的研究在各艺术门类都有所突破。在对形式美的研究中，同样显示出他散步者的冥思方式，他的研究视野并没有仅仅局限于诗文之中，而是在绘画、戏剧、音乐、舞蹈、建筑等艺术领域信步由缰，随意采撷。同时，他的艺术形态研究完全是从美学角度出发的，他能够突破各类艺术的使用工具和表现技巧等方面的局限，去寻找其独特的美学特质，以及与其他艺术所共有的美学特质。

---

①《中国艺术艺境之诞生》（增订稿），《宗白华全集》第2卷，安徽教育出版社1994年版，第358页。

二、跨艺术门类比较研究

20世纪60年代，宗白华为北京大学哲学系、中文系高年级学生开设美学课，形成了一份关于中国美学史中重要问题的初步探索的讲稿。在这份讲稿中，宗白华提出学习、研究中国美学史，要从两个方面入手：

> 第一，中国历史上，不但在哲学家的著作中有美学思想，而且在历代的著名的诗人、画家、戏剧家……所留下的诗文理论、绘画理论、戏剧理论、音乐理论、书法理论中，也包含有丰富的美学思想，而且往往还是美学思想史中的精华部分。这样，学习中国美学史，材料就特别丰富，牵涉的方面也特别多。
>
> 第二，中国各门传统艺术（诗文、绘画、戏剧、音乐、书法、雕刻、建筑）不但都有自己独特的体系，而且各门传统艺术之间，往往互相影响，甚至互相包含（例如诗文、绘画中可以找到园林建筑艺术所给予的美感或园林建筑要求的美，而园林建筑艺术又受诗歌绘画的影响，具有诗情画意）。因此，各门艺术在美感特殊性方面，在审美观方面，往往可以找到许多相同之处或相通之处。①

宗白华一贯主张美学的研究不能就理论而理论，而是要到各艺术门类中去寻找丰富的美学思想。在他看来，最能代表中国美学思想的艺术门类

---

①《中国美学史中重要问题的初步探索》，《宗白华全集》第3卷，安徽教育出版社1994年版，第447—448页。

是中国的诗歌、绘画、音乐和书法，他的美学散步就主要是在这些艺术门类当中进行的。20 世纪 50 年代之前，宗白华研究中国美学喜欢以西方为参照、在比较中见出中国美学的特点；到了晚年，他更多进行的是不同艺术门类之间的比较研究。

在《美学的散步》一文中，宗白华所做的工作就是关于诗歌与绘画这两种艺术形态的比较研究。他首先引了苏东坡的话来说明诗与画的密切关联："味摩诘之诗，诗中有画；观摩诘之画，画中有诗。"（《书摩诘蓝田烟雨诗》）在一幅艺术作品中，诗与画可以相互补充、相得益彰。"画外意，待诗来传，才能圆满，诗里具有画所写的形态，才能形象化、具体化，不至于太抽象。""诗启发了画中意态，画给予诗以具体形象，诗画交辉，意境丰满，各不相下，各有千秋。"同时，诗歌和绘画毕竟

>> 参观徐悲鸿艺术馆

是两种不同的艺术门类，"画和诗的分界仍是不能泯灭的，也是不应该泯灭的，各有各的特殊表现力和表现领域。探索这微妙的分界，正是近代美学开创时为自己提出了的任务"①。接下来，宗白华从中西文化比较的角度，分析

①《美学的散步》，《宗白华全集》第 3 卷，安徽教育出版社 1994 年版，第 286 页。

中西方的艺术理论家对诗和画关系的不同态度。他以莱辛的《拉奥孔》为例来说明西方艺术家是怎样为诗(文学)与画(造型艺术)划清界限,指出它们各自的局限性和特殊的表现规律的。

> 莱辛的意思是:并不是道德上的考虑使拉奥孔(雕像)不像在史诗里这样痛极大吼,而是雕刻的物质的表现条件在直接观照里显得不美(在史诗里无此情况),因而雕刻家(画家也一样)须将表现的内容改动一下,以配合造型艺术由于物质表现方式所规定的条件。这是各种艺术的特殊的内在规律,艺术家若不注意它,遵守它,就不能实现美,而美是艺术的特殊目的。若放弃了美,艺术可以供给知识,宣扬道德,服务于实际的某一目的,但不是艺术了。艺术须能表现人生的有价值的内容,这是无疑的。但艺术作为艺术而不是文化的其他部门,它就必须同时表现美,把生活内容提高、集中、精粹化,这是它的任务。根据这个任务各种艺术因物质条件不同就具有了各种不同的内在规律。拉奥孔在史诗里可以痛极大吼,声闻数里,而在雕像里却变成小口微呻了。①

在肯定了莱辛的创造性分析"启发了以后艺术研究的深入,奠定艺术科学的方向"的作用后,宗白华指出他的分析的局限性:"造型艺术和文学的界限并不如他所说的那样狭窄、严格,艺术天才往往突破规律而有所成就,开辟新领域、新境界。"②诗歌与绘画各有各的特殊表现力,探讨这种微妙的分界,就成为近代美学开创时的首要任务。诗歌与绘画的创作依据的是不同

---

①《美学的散步》,《宗白华全集》第3卷,安徽教育出版社1994年版,第289—290页。
②《美学的散步》,《宗白华全集》第3卷,安徽教育出版社1994年版,第290页。

的技法，所以在中国艺术史上，如果一个画家同时又能创作诗，其画也能得到更高的评价。诗画合流带来了绘画意境的丰盈与深邃，原来一览无余的直观视觉之境融入了诗的情感与想象后，变为不确定的朦胧之境，由静态有限之境变为动态的无限之境。到了宋代，山水画发展成为中国绘画的主要表现题材，而诗歌也转向对自然美的咏叹。所以，莱辛认为诗只适于叙述动作，他所依据的西方诗歌大多是剧诗和叙事诗，但是中国的诗歌向来只重视描写景物和抒发情感，这是中国诗画结合可以产生更高境界的前提条件，也是宗白华与莱辛在对诗画的看法上产生分歧的根本所在。

对诗歌与绘画的审美本质的探讨是宗白华诗画比较的目的所在，只不过这种比较是在承认诗画有着本质不同的情况下寻找两者之间的相通之处：莱辛探讨的是诗与画的界限，而中国古代诗画理论则更多地强调这二者的同源同构关系。莱辛对艺术形式的研究启发了宗白华，他将中国传统的诗画与西方近代美学理论结合起来，希望能够产生出新的理论形态增长点来。他认为这两种艺术形态之间并不是相互抵触，而是互相补充的。由于所用材料、表现领域等的不同，诗和画的表现范围受到限制，导致它们之间有了本质的区别，才构成了互生互补、相得益彰的关系，可以尽量地把对方吸收到自己的艺术表现中来，从而扩张它们各自的艺术审美特征。宗白华进而认为，“诗和画的圆满结合（诗不压倒画，画也不压倒诗，而是相互交流交侵），就是情和景的圆满结合，也就是所谓‘艺术意境’”[①]。在这里，传统的意境理论就不仅是指诗与画的混融无间，而且是在不忽略二者有着本质区别的基础上，强调它们的结合可以产生更高的艺术境界。当艺术仅仅是诉诸人的感官的时候，各门艺术带给人的感受是不同的；但是当中国人将所

①《中国艺术意境之诞生》（增订稿），《宗白华全集》第3卷，安徽教育出版社1994年版，第295页。

有的艺术都纳入主体心灵当中的时候,这种界限是不存在的。因为心灵间的相互交融没有任何界限可以规范,无论是诗歌与绘画,它们都是艺术家对宇宙精神观照的结果,因而内在的融合是中国诗歌、绘画与生俱来的特质。

在对诗歌与绘画做出比较研究之后,宗白华对书法艺术也给予了极大的热情。在众多的艺术门类中,书法最集中、最有代表性地体现了中国艺术的民族精神,最能表现出生命的内在深度。宗白华在早期探讨中西绘画艺术时,曾认为中国绘画具有书法的空间表现力;晚年的时候,他又专门对书法艺术作了美学上的探讨,在写于1962年的《中国书法里的美学思想》一文中,给予书法在中国美学发展史上以极高的地位。之所以会出现这种研究角度的转向,是因为在他看来,绘画是中西方所共有的较典型的艺术种类,通过比较可以使各自的艺术特殊性彰显出来,但是就民族文化的审美独特性而言,书法艺术则是中国独有的。宗白华站在一个更广阔的中西方艺术背景上对传统书法做出研究和反思,对其理论与实践中的关键问题做出缜密细致的思考和学术阐释。

>> 鉴赏书画

宗白华指出中国书法所具有的独特性："不但抒写自己的情感，也表现自然界各种变动的形象。"一方面在表达自己情感的时候反映出自然界的各种形象，另一方面借着对形象的概括来表达自己的情感。所以，这些形象在书法里就不只是对事物的刻画，而且是一种情景交融的意境，"像中国画，更像音乐，像舞蹈，像优美的建筑"。[①] 书法同其他艺术形式一样可以表情达意，表现或暗示形象，并构成情景交融的意境。在表达情感、营造意境方面，书法所传达出的审美效果不亚于诗歌和绘画。正是具有以上诸审美特点，中国书法艺术成为一个独立的生命有机体，成为中国人生命表现的重要形式。

在宗白华看来，书法不是简单的表达概念的符号，而是一个表现生命的单位。书法的创作过程，也是一个生命的孕育过程。

> 这个生气勃勃的自然界的形象，它的本来的形体和生命，是由什么构成的呢？我们的常识就知道：一个有生命的躯体是由骨、肉、筋、血构成的。"骨"是生物体最基本的间架，由于骨，一个生物体才能站立起来和行动。附在骨上的筋是一切动作的主持者，筋是我们运动感的源泉。敷在骨筋外面的肉，包裹着它们而使一个生命体有了形象。流贯在筋肉中的血液营养着、滋润着全部形体。有了骨、筋、肉、血，一个生命体诞生了。中国古代的书家要想使"字"也表现生命，成为反映生命的艺术，就须用他所具有的方法和工具在字里表现出一个生命体的骨、筋、肉、血的感觉来。但在这里不是完全像绘画，直接模示客观形体，而是通过较抽象的点、线、笔画，使我们从情感和想象里体会到客体形象里

---

①《中国书法里的美学思想》，《宗白华全集》第 3 卷，安徽教育出版社 1994 年版，第 401 页。

的骨、筋、肉、血，就像音乐和建筑也能通过诉之于我们情感及身体直感的形象来启示人类的生活内容和意义。①

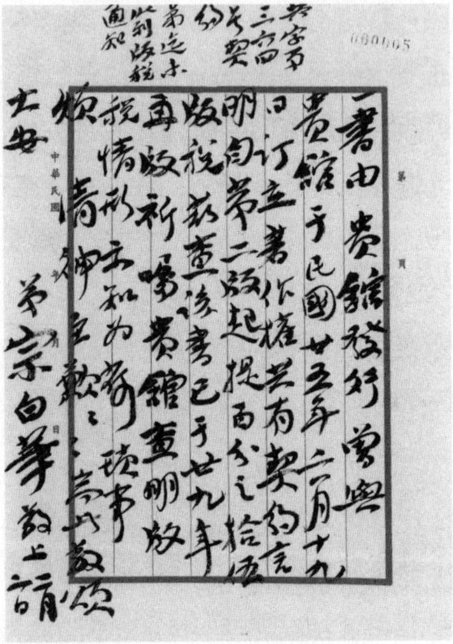

>> 宗白华致顾荫亭

书法是中国人对宇宙生命的一种独特的表现形式，这是宗白华对书法作为一门艺术形式的最基本的看法。中国书法的生成与汉字的产生是同步的，汉字大多是从象形得来的，所以书法家在写字之前积极地去观察动物的生动形象，去寻找形象给予思想的暗示。由仰观俯察、远近取舍而造成的汉字比其他民族的象形文字有更多的文化积淀，所以表写汉字的书法也就成为中国人宇宙生命的表现。宗白华从中国书法的用笔、结体、章法之中寻找美学思想。中国的书法与绘画都生于用笔，但是绘画表现的是有形象的物体，而书法则完全通过抽象的点画来表现“物象之本”，所以书法的境界似乎更高一层，它必须是在“全面综合地把握世界，透过那贯通着大宇宙赋予了万物的规定的线”②之中生成。每一种艺术都会给人提供一种生命的形式，中国书法就是一种“节奏化了的自

①《中国书法里的美学思想》，《宗白华全集》第3卷，安徽教育出版社1994年版，第402页。
②《中国书法里的美学思想》，《宗白华全集》第3卷，安徽教育出版社1994年版，第405页。

然表现，表达着深一层的对生命形象的构思，成为反映生命的艺术”①。也因此，中国书法没有停留在作为符号的阶段，而是走向了艺术美。

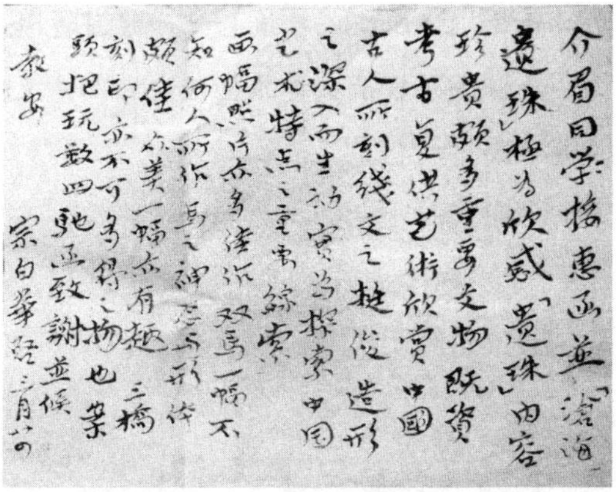
介眉同学棣惠函并「沧海
遗珠」极为欣感「遗珠」内容
珍贵颇多重要文物既资
考古复供艺术欣赏 中国
古人所刻线文之挺俊 造形
之深入而生动实为探索中国
艺术特点之重要线索
西陲照片亦多佳作 双马一幅 不
知何人所作 马之神态与形体
颇佳 亦美 一幅亦有趣 三桥
刻印亦不可多得之物也 案
头把玩数四 驰函致谢 并候
泰安
宗白华

>> 宗白华致游寿

宗白华把书法也看作一门集诗书画为一体，具有音乐性和舞蹈意味的综合艺术。中国的书法本是一种类似音乐或舞蹈的节奏艺术。书法像中国画，更像优美的建筑，它具有形式之美，有情感与人格的表现。“它不是摹绘实物，却又不完全抽象，如西洋字母而保有暗示实物和生命的姿态。”②不是具象，却有形象；有形有神，却是抽象。书法造型取象的基本原理如此，其审美效果及意义也是如此，这也是书法成为艺术、能唤起美感的根本原因。书家在运用毛笔及墨和色彩的协调变化中，使点线的粗细、长短、断连、枯润、缓急等所形成的艺术效果能像音乐一样既有差异性、多样性，同时又有韵律和节奏，由一个关系和谐的整体组成线条的交响曲。这样，在书法中就有了音韵、旋律和节奏，并表现出一种无声的音乐的美。中国绘画与书法的造境，是气韵生动，是生命的节奏和有节奏的生命，于寂静的观照中求返于本心智性，体合于宇宙内部的律动。在绘画与书法的点线运转之中，传达出一种类似于音乐的节奏和旋律的流动感；即使是在一个平面上，也能传出动荡，透出幽深，表现出无穷的意境。

---

①《中国书法里的美学思想》，《宗白华全集》第3卷，安徽教育出版社1994年版，第412页。
②《中国书法里的美学思想》，《宗白华全集》第3卷，安徽教育出版社1994年版，第412页。

正是由于中国书法有以上特点，所以宗白华认为它是最值得中国人作为一个课题来发挥的艺术门类。“中国音乐衰落，而书法却代替它成为一种表达最高意境与情操的民族艺术。三代以来，每一个朝代都有它的‘书体’，表现那时代的生命情调与文化精神。”①宗白华进而断言，“可以凭借它（书法）来窥探各个时代艺术风格的特征”②。书法中贯穿着人的精神与性灵，书法的演变反映的正是中国人精神的发展演变历程。以表现精神性最强的草书为例，魏晋之际的草书发展迅速，无疑与老庄哲学在当时社会中的影响密切相关，乃能在书法中入虚探玄、钩深致远，超脱一切形质的束缚。所以以王羲之为代表的魏晋六朝书法，正是由于有了这样的精神风貌，并以此作为艺术创作的根基，才开辟了中国艺术之美的新境界。

在探讨书法艺术的同时，宗白华还撰写了《中国古代的音乐寓言与音乐思想》一文，从古代社会流传下来的神话、传说、故事中发掘包含着中国人的宇宙意识和生命情感的音乐思想。

> 所以古代人民对音乐这一现象感到神奇，对它半理解不理解。尤其是人们在很早就在弦上发见音乐规律里的数的比例，那样严整，叫人惊奇。中国人早就把律、度、量、衡结合，从时间性的音律来规定空间性的度量，又从音律来测量气候，把音律和时间中的历结合起来。③

在西方也如此，音乐的神秘吸引着哲学家们去窥探它的秘密。

---

①《中西画法所表现的空间意识》，《宗白华全集》第2卷，安徽教育出版社1994年版，第143页。
②《中国书法里的美学思想》，《宗白华全集》第3卷，安徽教育出版社1994年版，第405页。
③《中国古代的音乐寓言与音乐思想》，《宗白华全集》第3卷，安徽教育出版社1994年版，第427页。

希腊哲学家毕达哥拉斯发现琴弦上的长短和音高成数的比例,他见到我们情感体验里最深秘难传的东西——音乐,竟和我们脑筋里把握得最清晰的数学有着奇异的结合,觉得自己是窥见宇宙的秘密了。后来西方科学就凭数学这把钥匙来启开大自然这把锁,音乐却又是直接地把宇宙的数理秩序诉之于情感世界,音乐的神秘性是加深了,不是减弱了。①

古人将自己对音乐的理解用生动形象的寓言故事表达出来,在流传下来的音乐故事、神话、传说中,寄寓着他们对音乐的理解。

音乐在人类生活及意识里这样广泛而深刻的影响,就在古代以及后来产生了许多美丽的音乐神话、故事传说。哲学家也用音乐的寓言来寄寓他的最深难表的思想,像庄子。欧洲古代,尤其是近代浪漫派思想家、文学家爱好音乐,也用音乐故事来表白他们的思想,像德国文人蒂克的小说。②

宗白华举梵乐希的例子来说明音乐、建筑和生活的关系。“生活的经历是主体,音乐用旋律、和谐、节奏把它提高、深化、概括,建筑又用比例、匀衡、节奏,把它在空间里形象化。”“这音乐和建筑里的形式美不是空洞的,而正是最深入地体现出心灵所把握到的对象的本质。就像科学家用高度抽象的数学方程式探索物质的核心那样。‘真’和‘美’,‘具体’和‘抽象’,在这里

---

①《中国古代的音乐寓言与音乐思想》,《宗白华全集》第 3 卷,安徽教育出版社 1994 年版,第 427—428 页。

②《中国古代的音乐寓言与音乐思想》,《宗白华全集》第 3 卷,安徽教育出版社 1994 年版,第 428 页。

是出于一个源泉,归结到一个成果。”[①]音乐通过影响人的心灵来对人产生震撼作用,它能够激发起人心中最丰富、最深邃的生命意识,它是人在趋向宇宙的极限、生命的本源之地的投归、融化时创造出来的,所以一切以境界取胜而不以形式取胜的艺术都趋向于音乐的境界。音乐不塑造客观事物的形象,只表现内心生活,也只诉诸人的内心世界。

中国的音乐是最富于宇宙意识的,这种宇宙意识来源于《易经》的宇宙观,即阴阳二气化生万物,万物皆禀阴阳之气以生,一切物体皆是一种气积,即庄子所谓“通天下一气耳”(《庄子·知北游》)。这生生不已的阴阳二气织成一种有节奏的生命,中国的一切艺术都具有这种类似于音乐的节奏和旋律之美,中国艺术追求的正是这样一种圆满自足而又与宇宙相通感、相调和的境界。在宗白华看来,音乐能够直接启示宇宙内部的和谐与节奏,大化流衍的宇宙意识也只有在音乐的境界中才能实现。在中国人那里,宇宙万物的变化规律除了用数学来测定以外,还可以用音律来测量,音乐及其节奏是与整个宇宙和生命相通的。“音乐是形式的和谐,也是心灵的律动,一镜的两面是不能分开的。心灵必须表现于形式之中,而形式必须是心灵的节奏,就同大宇宙的秩序定律与生命之流动演进不相违背,而同为一体一样。”[②]中国音乐的精神与中国艺术的精神都被概括在宗白华的这几句话里了。

在宗白华看来,音乐艺术的最大特点在于它与整个宇宙、社会秩序和人的心灵世界都有着密切的关系。“音乐能够表象宇宙,内具规律和度数,对

①《中国古代的音乐寓言与音乐思想》,《宗白华全集》第3卷,安徽教育出版社1994年版,第430—431页。

②《哲学与艺术——希腊哲学家的艺术理论》,《宗白华全集》第2卷,安徽教育出版社1994年版,第54页。

人类的精神和社会生活有良好影响，可以满足人们在哲学探讨里追求真、善、美的要求。音乐和度数和道德这三者在源头上是结合着的。”①孔子最早认识到音乐的这种教化作用。“由于音乐能启示这深厚的内容，孔子重视他的教育意义，他不要放郑声，因郑声淫，是太过，太刺激，不够朴质。他是主张文质彬彬的，主张绘事后素，礼同乐是要基于内容的美的。”②这也是礼乐合一的生命境界的表现。“孔子这样重视音乐，了解音乐，他自己的生活也音乐化了。这就是生活里把‘条理’规律与‘活泼的生命情趣’结合起来，就像音乐把音乐形式同情感内容结合起来那样。”③正是由于音乐对宇宙和人的生命产生如此重要的震撼作用，所以，儒家将音乐视为社会教育的最为恰当的手段。

宗白华还通过比较中西方人对音乐的不同看法来阐释中国人独特的音乐思想。西方音乐理论的精髓用一句话来概括，就是“建筑是凝固着的音乐，音乐是流动着的建筑”。西方人对音乐的理解是从他的数理宇宙观出发的，在他们看来，“音乐虽是在时间里流逝不停的演奏着，但它的内部却具有着极严整的形式，间架和结构，依顺着和声、节奏、旋律的规律，像一座建筑物那样。它里面有着数学的比例”④。但是，音乐和建筑的形式美并不是抽象空洞的，而是最深刻地体现出心灵所把握到的对象的本质。所以，在音乐和建筑之中，真与美、抽象与具体是高度统一起来的。在西方人看来，数学是最符合宇宙的秩序与规律的；而在中国人看来，音乐则是最能反映宇宙的节奏与和谐的，它可以“直接地把宇宙的数理秩序诉之于情感世界”⑤。所

①《中国古代的音乐寓言与音乐思想》，《宗白华全集》第3卷，安徽教育出版社1994年版，第433页。
②《中国古代的音乐寓言与音乐思想》，《宗白华全集》第3卷，安徽教育出版社1994年版，第431页。
③《中国古代的音乐寓言与音乐思想》，《宗白华全集》第3卷，安徽教育出版社1994年版，第432页。
④《中国古代的音乐寓言与音乐思想》，《宗白华全集》第3卷，安徽教育出版社1994年版，第429页。
⑤《中国古代的音乐寓言与音乐思想》，《宗白华全集》第3卷，安徽教育出版社1994年版，第428页。

以,“就像我们研究西洋哲学必须理解数学、几何学那样,研究中国古代哲学也要理解中国音乐思想。数学与音乐是中西古代哲学思维里的灵魂呀!”① 这是宗白华在进行中西音乐比较时所遵循的一贯看法。

中国人“认识到乐的境界是极为丰富而又高尚的,它是文化的集中和提高的表现”②,因此,在中国古代哲学家的音乐思想中,往往包含着极为重要的宇宙观念、政教思想与艺术见解。庄子就认为,宇宙中最精微的结构和规律是动的、变化着的,像音乐一样,因此,“道就是一个五音繁会的交响乐”③。庄子将音乐解释为一种神秘的、玄妙的力量。庄子爱好音乐,尤其是弥漫着浪漫主义精神的音乐深受他的青睐,宗白华认为:“这是战国时代楚文化的优秀传统,也是以后中国音乐文化里高度艺术性的源泉。”④在整个社会都被物欲所困扰的时代里,提倡艺术世界与现实生活的音乐性,其现实意义尤为重要。

英国人佩特曾从唯美主义的角度出发断言一切艺术都趋向于音乐的状态。这一理论同样适合于中国艺术,宗白华在研究各门艺术的审美特征时也是遵循着这样的理念。在他看来,音乐是节奏与旋律的结合体。在音乐之中,时间因素可以改变节奏的分节,空间则能改变旋律的形式。这样,音乐就在某种程度上包含了属于这个世界的基本范畴的时间与空间。也许正是基于此,宗白华才将音乐性看作一切艺术都有的共性。诸如书法中的节奏、绘画中的“折高折远”(沈括语)、篆刻之参差错落、建筑之斗拱飞檐的韵律,都是以音乐韵味为表现和追求的。宗白华还将中国画称作“色彩的音

---

①《中国古代的音乐寓言与音乐思想》,《宗白华全集》第3卷,安徽教育出版社1994年版,第433页。
②《中国古代的音乐寓言与音乐思想》,《宗白华全集》第3卷,安徽教育出版社1994年版,第434页。
③《中国古代的音乐寓言与音乐思想》,《宗白华全集》第3卷,安徽教育出版社1994年版,第438页。
④《中国古代的音乐寓言与音乐思想》,《宗白华全集》第3卷,安徽教育出版社1994年版,第440页。

乐”，认为中国的绘画与书法都是一种“类似音乐或舞蹈的节奏艺术”。尤其是书法与音乐的关系最为密切，在表现自然生命的律动方面二者有异曲同工之处。相对于其他艺术而言，书法与绘画都是用抽象的符号来进行艺术表现的，正唯此，它们才最接近于宇宙生命深层的律动。书法与音乐是最能代表中国艺术精神的艺术形态，同时也都是以生命的自由律动与心灵的深层秘密的表现为旨归的生命艺术，它们都是以艺术家最内在的生命体验和强烈的情感需求为动力的。而音乐与建筑之间的相通之处则是中西方学者的共识，二者都是按照数学的比例来排列次序的。在这里，宗白华已经打破了艺术的时间与空间的绝对界限，认为在任何一门艺术中都有着时间的流动感与空间的形象性。

值得一提的是，宗白华在对中国艺术做分门别类的研究以及跨艺术门类的综合考察和分项研究中，总是试图在各门艺术种类之中寻找共同之处，寻找交界和契合点。中国传统艺术之间，往往互相影响，互相包含。例如，在诗文、绘画中可以找到园林艺术所给予的美感，而园林艺术又受到诗歌绘画的影响，具有诗情画意。各门艺术在美感特殊性和审美观方面，往往可以找到相同之处或相通之处，所以像中国的诗歌、舞蹈、书法、绘画、音乐、建筑等等都可以称作一门综合艺术。最典型的是中国绘画，画中既有诗，有书法，有音乐境界，也有雕塑。宗白华还特别指出，中国戏剧也是一门综合艺术，如同从中西绘画的发展来划分中西各自的艺术发展史一样，也可以从中西戏剧表演方法的不同来研究中西美学思想的分途。其次是中国的园林艺术，只要提及中国的古典园林，人们都喜欢用诗情画意来形容。表情达意是中国园林的一个重要特点，人们在园林中可以欣赏到各式各样的景色，有自然式的山水，有建筑，有诗词题对等等，在中国的园林艺术中融合了建筑、文学、绘画、书法等多种艺术的精华。还有中国的书法，它与诗歌、音乐等一样可以将人的喜怒哀乐等内在情感表现出来,而且高明的书法家还可以“在表达自己的情感中同时反映出或暗示着自然界的各种形象。或借着这些形象的概括来暗示着他自己对这些形象的情感”。虽然书法塑造的形象并不像诗歌绘画那样是对事物的具体刻画,它所表现的是情景交融的意境,这意境却“像中国画,更像音乐,像舞蹈,像优美的建筑”①。如果唐人的一首诗用毛笔写出来,不但可以使我们领略诗情,同时也如同目睹画境,所以书法也是一门综合艺术,像中国的其他艺术种类一样。综上所述,正是宗白华对中国艺术有着较高的审美鉴赏力和其深厚的美学素养,使他能够散步于各艺术门类之中而游刃有余,并对中国艺术做出深层次探讨。

①《中国书法里的美学思想》,《宗白华全集》第3卷,安徽教育出版社1994年版,第401页。

结语　宗白华文艺美学思想的意义

在中国现代美学家中，宗白华的人生和他的美学思想具有非常鲜明的独特性。如何站在新世纪中国学术文化建设的起点上，理性地审视这位美学老人的世纪之旅，为21世纪中国美学的发展寻求历史依据并提供有效的思想资源？在中西文化互动和对话的新世纪里如何评价他的文艺美学思想？他的文艺美学思想在注重生态美学的时代里究竟有何意义？对这些问题的解答，或许可以为正在行进中的中国当代美学提供一些思想参照。

首先，宗白华的文艺美学思想以个体的独立精神和散步者的哲学冥思方式去看待美学和艺术问题。美学研究如果只局限于逻辑推理和热衷于理性思辨，将很难对艺术与审美加以深刻体验并对其深层问题提出独到的见解，而在一个高科技的现代社会里，人们在大量信息的冲击下心态变得越来越浮躁，如何培养一种开阔的审美心胸和敏锐的鉴赏力，使生命的内在性获得整体性敞亮，也变得十分艰难。宗白华的文艺美学研究并没有在概念的王国里进行纯思辨的遨游，而是以具体的文学活动和现象为对象，注重文艺的审美特征，力求将感性与理性、概念性的逻辑思辨与体验性的感悟结合起来。

无论是早期对西方美学的研究，还是后来对中国文化精神与文艺美学的探寻，以及对中西文化与美学、艺术的比较研究，宗白华一直都保持着美学散步者的精神风范。在独特的治学之道中，他没有使思想成为经院式的，而始终将个体的审美体验看得很重。这一方面使得他在一生的美学研究中对美的内涵、本质、特征等哲学本体论问题表示出某种淡然，而对艺术始终保持着高度的探索和体味的热情，在对艺术的鉴赏与体验之中探讨真正的美学问题；另一方面，从他的整个学术发展脉络而言，他始终是在与时代的共鸣中走一条思想与艺术探索的独创之路，保持一种人格的坦然与做学术的相对客观性。

其次，宗白华的文艺美学探寻活动始终是从中国文化本位立场出发的。他对以康德、歌德为代表的西方近代文化的研习，对西方生命哲学的推崇，也只是进入中国问题的一个角度和参照系而已，其美学探索的最终目的还是要回到中国问题上来。他关心的是古今中国人的生命意识和情感表现问题，注重的是个体自由与社会和谐发展问题的审美解决。宗白华将中国文化、艺术与西方的文化、艺术加以比较研究的目的，同样是为了在比较中见出中国文化的独特精神和魅力，发掘出中国文化在世界文化和美学中的独特贡献。而一生孜孜不倦地追求艺术意境之美，更是希望能够从中国传统美学中发现现代性的精神和因子，使其在现代社会中发挥积极的作用。晚年的独立散步也显得难能可贵，他在中国各艺术门类中作自由自在的美学散步，对中国的书法、绘画、音乐、诗歌、园林建筑等艺术门类都做了研究。可以看出，宗白华对文艺和美学的思考是与整个民族的感性生命联系在一起的。在20世纪早期的学者中，宗白华是对中国传统文化批判最少的学者，他更倾向于在引进西学的情况下发现中国的根本。

其三，宗白华以张扬生命感性和诗意生活的“审美现代性”来对“制度现代性”的某些异化式偏颇提出校正。他吸收了西方学者对制度现代性批判的观点，来张扬标举生命意义的审美现代性。在中国美学的现代化进程中，不可避免地会由于时空的分离与价值的转换带来现代性的精神危机，在这样的语境和背景中宗白华展开了自己的个体思考。狄尔泰、西美尔、斯宾格勒等人的观点被他整合在自己的思想观点中，他对感性与理性、艺术与技术、人与自然等等关系做出个体的阐释。他毕生的努力都在呼唤一种精神的力量，用审美的眼光与艺术式的人生去改造机械自利的人生。在他看来，审美与艺术是生命的结晶，艺术教育可以达到培养高尚人格的目的。他对歌德及其作品的欣赏，对魏晋风度的推崇，就在于他从这两者身上找到了为现代人建构理想人格的范本，对现代人格的建构正是宗白华赋予美学和艺术的使命。今天，理性因科技在近代的急剧发展，日益异化着个体的感性存在。它由于忽视、舍弃甚至排斥、牺牲了个体的独特性、偶然性和丰富性，从而使人为物役，成为各种机器的奴隶。在这样的情景下，张扬审美与艺术对感性生命的意义，对人的感性生命意义的复归显得尤为重要。

其四，宗白华在一生的美学追求中，始终保持着对自然的热情，关注自然对于人生、艺术以及整个社会、文化的重要作用。这种精神无疑对当代生态美学研究有重要的启发意义。感性与理性、人与自然的关系是美学的基本问题,也是人的生命和生存的基本问题。宗白华希望通过对传统文化的自省和对西方文化的批判,燃起对于“健硕的向上的创造时代”的向往,期望建立一种“自然与文化调和”的新文化。[①] 大自然为一切艺术提供了范本,他认为美的踪迹要到自然、人生、社会的具体形象中去寻找,“自然无往而不美”[②]是他一贯的看法。宗白华一生最喜爱两个人:在西方是歌德,在中国是陶渊明。陶渊明独特的人文生态观主要表现为对个体自由精神的向往,重视人与自然在和谐相处中得到宁静、恬适,而歌德的人格及作品体现的正是宗白华所向往的自然与文化调和的精神理想。他由此认为,自然与精神文化的关系问题,是关于作为个体的人在作为全体的宇宙中的地位问题,自然与社会、人生在本质上是一体的,自然的生命原理同样也是人类精神的生命原理。宗白华在张扬感性生命的同时,直接包含着对人与自然的亲和性以及对个体自由精神的肯定。人在利用和改造自然的同时,创造出一个物质化的世界,通过艺术人类创造的是一个精神的世界,人类的物质世界和精神世界都以自然为其坚实的基础。但是在现代社会生活中,不仅仅是因为疏离了神性,更重要的是疏离了纯朴的自然与人性本我而走向了物质化。自然领域发生的危机有着深刻的人文因素,文艺批评应努力推进自然生态与精神生态在一个统一的生物圈内的良性互动,关注社会发展与生态平衡的和谐统一,倡导“绿色的人生”,创造符合生态原则的审美的人生。宗白华对包括形式美在内的自然美的强调和多方面的论证,恢复了自然在文艺批评

---

①《〈信足行〉编辑后语》,《宗白华全集》第2卷,安徽教育出版社1994年版,第318页。

②《看了罗丹雕塑以后》,《宗白华全集》第1卷,安徽教育出版社1994年版,第310页。

中的重要地位。他还用自己清洁的精神、清洁的人生、清洁的语言、清洁的行为，营造了一个学术界的绿色生态环境。

其五，宗白华非常重视艺术与精神的关系，并将之作为实现审美教育的重要途径。宗白华是一个学术与艺术的通人。他首先是一个诗人，其次才是一个美学与艺术理论家；他更是一位教育家，所以在谈到美学问题时更多地强调艺术对精神的陶冶作用。在这一过程中，他特别突出情感在人的生命中的重要作用，但并未因此而忽视艺术的教育功能和认识功能，真善美以及这三者相统一的思想经常出现在他的美学、艺术学文章当中。在中国现代美学的发展历程中，艺术始终是被关注的一个重要方面，这不仅因为艺术历来是美学研究的一个主要对象，更因为艺术与社会的政治、道德以及整个民族精神有着极为密切的联系。在 20 世纪三四十年代，当外敌入侵强行将中国纳入殖民文化时，中国人的心灵世界遭受到前所未有的震撼，心灵赖以寄托的价值遭到颠覆，人心陷入空前的迷乱之中。宗白华开始追求中国传统的鸢飞鱼跃、深沉幽渺的意境之美，开始从晋人之美中寻找理想人格的建构标准，在唐人诗歌中寻找华夏民族精神，希望能够用传统艺术中的审美精神来拯救处于迷茫困顿之中的现代人，在重建中国意境理论，在论及中国绘画、书法等艺术形态时他都强调了艺术中的生命要素。他对文人的那种活泼自由天性的赞美、对宋元小品文的喜爱、对晋人风度的仰慕，是真正以艺术代宗教、以美育代宗教的践行者。宗白华对艺术与精神关系的重视是我们今天生活在这个竞争的时代里，在平面化、大众化的生活中所残存的诗意生活。

其六，当然，任何人的思想都不可能是完美的，都会有时代的局限性。宗白华思想学说的美中不足之处在于，在他一生的美学追寻中，始终蒙着一层“审美乌托邦”的色彩，更多地在艺术和审美的王国里漫游而缺少对现实问题的直接而清晰的批判和分析。诸如,早期的宗白华保持着唯美的眼光和对黑暗的研究,但是他对黑暗社会的解救办法是通过音乐来鼓舞精神。他认为德国能于“二战”后崛起,是因为德国的音乐使民众对生活始终保持着高度的热情,而中国本来是一个礼乐之邦,更能用音乐振奋起民族精神和力量来。为此,他描绘出一幅“音乐化的天地境界”,强调有节奏的生命,并把它作为中国文化美丽精神的重要方面来加以追寻,这一观点几乎贯穿于宗白华的整个美学思想当中。这使得他的美学理论因脱离现实的人生和生活而仅仅停留在审美的层面。其次,是他思考问题的方式,总是在二元对立的框架下来考察一切美学和艺术问题,即先在地设定了两个截然相反的对立的选择。这样的言说方式导致的结果是将很多问题简单化,单纯地为寻找对立而设置一个对立面。在今天多元化的时代语境中,这样的言说方式的弊端是显而易见的。

宗白华用自己的美学和艺术实践,形成了一种艺术式的人生。他以其艺术的人生观、悲剧而又幽默的人生态度、充实与开阔的人生体验完成了主体人格的建构。在三四十年代文人们大都处于悲观、迷茫、困惑的状态下,在“中国,你为什么不富起来”的痛苦和焦虑中,宗白华却始终保持着乐观向上的积极人生态度和个体的独立思考。五六十年代以后,当美学界开始了轰轰烈烈的美学大讨论,他却对这种热闹的情景表现出淡然,他开始散步了。他的散步是一种姿态,一种审美的姿态,一种游离于灰色人生之外的,自由自在、无拘无束的,也是安静、沉默、低语的独白。他的人生是追问“中国文化的美丽精神哪里去”的人生,是一种散步式的充满自由精神的人生,一种既不破坏传统也不过度强调现实竞争的“绿色人生”。这种人生态度为精神缺氧的现代人补充了微量元素,在物欲无限膨胀的当代社会里呈现出独特而有魅力的生命与意义。

宗白华先生年谱简编

1897 年(1 岁)

12 月 15 日(农历十一月二十二日)生于安徽安庆一个传统文士家庭,原名之櫆,字伯华。

1905 年(9 岁)

在父亲创办的新式学校南京思益小学读书。

1909 年(13 岁)

9 月,在南京第一模范高小继续接受新式教育。

1912 年(16 岁)

9 月,考入南京金陵中学,开始学习英文,半年后因病休学。

1913 年(16 岁)

到山东青岛休养。

经亲戚介绍,入德国人开办的青岛大学中学部修习德文。

1914 年(18 岁)

年初,到浙江上虞县姨夫虞仲仁家过寒假,与表妹虞芝秀恋爱。

创作旧体诗《游东山寺》《别东山寺》等四首。

秋天,转入德国人创办的同济医工学堂中学部。

1916年(20岁)

从同济医工学堂毕业后升入同济大学预科同济医工学堂(后改为私立同济医工专门学校)。

1917年(21岁)

在上海泰东书局出版的《丙辰》杂志第4期上发表第一篇哲学论文《萧彭浩哲学大意》,论述了叔本华的哲学思想和人生观、伦理观,表达了自己对宇宙人生的思考。

第一次世界大战爆发,宗白华无意学医,开始研读哲学和文学著作,倾心庄子、康德、叔本华、尼采和歌德的思想。

1918年(22岁)

同济医学专门学校毕业后,与王光祈等人在北京一同发起"少年中国学会",并在少年中国学会的座谈会上发表了《歌德与〈浮士德〉》的演讲。

1919年(23岁)

3月,在学术谈话会上做了《略述康德唯心主义哲学大意》的演讲,刊于上海出版的《少年中国学会会务报告》第1期。

5月,在北京《晨报》副刊发表了《康德唯心哲学大意》《康德空间唯心说》。

7月,少年中国学会正式成立,宗白华成为学会的核心机构"少年中国评议部"评议员,同时负责学会刊物《少年中国》月刊的编辑工作。

在《少年中国》第1卷第1期发表《说人生观》。

起草了《致北京少年中国学会同志书》。

8月,协助郭虞衣编辑《时事新报》副刊《学灯》,并在《学灯》上发表《我的创造"少年中国"的办法》,在《少年中国》第1卷第2期发表《哲学杂述》。

9月,在《少年中国》第1卷第3期发表诗歌《问祖国》,文章《说唯物派解释精神现象之谬误》。

在《学灯》上推荐发表了郭沫若的新诗:《鹭鸶》《死的诱惑》等。

10月,在《少年中国》发表《叔本华之论妇女》《理想中少年中国之妇女》,讨论妇女人格标准问题。

月底,在《学灯》上发表《欧洲哲学的派别》一文。

11月,正式接任《学灯》主编,并在该刊物上发表《读柏格森"创化论"杂感》,认为柏格森的创化论中深含着一种伟大入世的精神,创造进化的意志,最适宜做我们青年的宇宙观。同期发表的《"实验主义"与"科学的生活"》中,强调现在中国青年有两种最优美、丰富,最有价值的生活,就是新村的生活和科学实验室的生活。

12月,在《少年中国》第1卷第4期发表《科学的唯物宇宙观》一文,对形而上学的宇宙观和庸俗唯物论做出批判。

1920年(24岁)

1月,推荐发表了郭沫若的多首诗歌,并与他频繁书信。

在《学灯》上发表三篇文章:《我对于翻译丛书的意见》《我对于新杂志界的希望》《青年烦闷的解决办法》,对当时学术界出现的"翻译热""办刊物热"表达了自己的看法,同时对于当时青年中普遍存在的空虚心理提出了"唯美的眼光,研究的态度,积极的工作"的解决办法。

2月,介绍郭沫若给田汉,三人通信频繁。

在《学灯》发表文章《新诗略谈》《新文学底源泉》,指出新诗创作"一方面要做诗人人格的涵养","一方要作诗的艺术的训练",而新文学的精神生活要具有真实、丰富、深邃的特点。

3月,在《学灯》发表了四篇文章:《美学与艺术略谈》,提出对于美学和艺术的研究应区别对待等问题;《对于现在学者的希望》,建议学者们多研究科学,然后再去研究高深的哲学;《怎样使我们生活丰富》,提出在理性方面发挥出思想学术,从情绪方面发挥出诗歌艺术,从意志方面发挥出事业行为的理性人格建构模式;《戏曲在文艺上的地位》,认为一方面要改良旧喜剧,另一方面要积极创造有较高艺术价值的新喜剧。

4月,在《学灯》发表《新人生观问题的我见》,提倡科学的人生观与艺术的人生观。

5月,离上海经巴黎,赴德国留学,在法兰克福大学哲学系学习。在巴黎逗留期间,拜访了当时在巴黎留学的徐悲鸿,结下了深厚的友谊。

月底在致少年中国学会会员的信中表示,终生欲研究之学术为哲学、心理学、生物学,终生欲从事之事业为教育。

12月,在《学灯》发表《自德见寄书》,表示自己要从事哲学与艺术的研究,回国后再以一二十年的时间研究东方文化,以寻求新文化建设的新路。

1921年(25岁)

1月,在《少年中国》第2卷第7期发表《艺术生活》,开始思考艺术哲学问题。同期转入柏林大学美学与历史哲学系学习。

3月,在《少年中国》第2卷第9期发表《看了罗丹雕刻以后》,提出艺术表现"动"的美学原理。

1922年(26岁)

创作了大量的"流云"小诗,并陆续寄回国内在《学灯》上发表。

1923年(27岁)

在《少年中国》第4卷第4期发表叙事散文《忆悲鸿》,杂文《恋爱诗的问题》《〈蕙的风〉之赞扬者》。

1925年(29岁)

从柏林回国。途中游历欧洲,参观了博物馆、艺术馆和欧洲建筑、名胜古迹等。

回国后在南京东南大学(1928 年改名中央大学)任教。开始写作《美学》、《艺术学》、《艺术学》(讲演),深入探讨美学与艺术学问题。

1930 年(34 岁)

写作《形上学——中西哲学之比较》《形而上学提纲》等文章,比较中西哲学的异同,突出各自的特点。又著《孔子形上学》,对孔子的思想本体论做出阐释。

1931 年(35 岁)

在新月派诗人创办的《诗刊》第 2 期,发表了翻译歌德的诗三首。

1932 年(36 岁)

3 月,在天津《大公报》文学副刊发表《歌德之人生启示》,翻译了比学斯基的《歌德论》两大本,开始对歌德的人生观、艺术观和浮士德精神进行深入研究。

10 月,在《图书评论》第 1 卷第 2 期发表《介绍两本关于中国画学的书并论中国的绘画》《徐悲鸿与中国绘画》两篇文章,分析了中西绘画的不同。

创作了《歌德的〈少年维特之烦恼〉》《歌德和释勒订交时两封讨论艺术家使命的信》,翻译《释勒和歌德的三封通讯》。

12 月,《歌德之认识》一书由南京钟山书局出版,宗白华作《〈歌德之认识〉附言》。

1933 年(37 岁)

1 月,为张月超著《歌德评传》作序。

在《新中华》创刊号发表《哲学与艺术——希腊哲学家的艺术理论》一文。

7 月,在《文学月刊》第 4 卷第 1 期发表诗歌《生命之窗的内外》。

1934 年(38 岁)

《悲剧幽默与人生》《略谈艺术的“价值结构”》和《论中西画法的渊源与基础》三篇文章分别发表在《中国文学》创刊号、《创作与批评》第 1 卷第 2 期和《文艺丛刊》第1卷第2期上。

1935年(39岁)

1月,探讨席勒美育理想的《释勒的人文思想》一文在《中央日报》发表。

3月,在《建国月刊》第12卷第13期发表《唐人诗歌中所表现的民族精神》一文,论述文学对民族习性养成的重要性。

6月,在上海《文学》月刊第5卷第1期上发表译作歌德的《单纯的自然描摹·式样·风格》。

年底,在南京召开的中国哲学第三届年会上做了《中西画法所表现的空间意识》的报告。

1937年(41岁)

7月,日本侵略中国,随后南京沦陷,中央大学迁往重庆。宗白华随迁,任中央大学哲学系教授。

8月,在《戏剧时代》第1卷第3期发表《莎士比亚的艺术》一文,从剧本的题材提炼、情节创造等方面论述了莎士比亚艺术的成就。

1938年(42岁)

6月,为《时事新报》(渝版)主编《学灯》,在第1期发表《〈学灯〉擎起时代的火炬》,为《学灯》的文章写了大量的编辑后语。

7月,在渝版《学灯》第5期发表《我所爱于莎士比亚的》。

在《新民族》第1卷第20期发表《近代技术的精神价值》。

在渝版《学灯》第6期发表《技术与艺术——在复旦大学文史地学会上的演讲》,主张"我们要给予技术以精神的意义,这就是给予美感"。

1939—1940年(43—44岁)

为《学灯》上刊登的文章写编辑后语。

发表文章《我所见到五四时代的一方面——少年中国学会与〈学灯〉》,

指出少年中国学会的会员和《学灯》上所发表的有价值的文章，反映出了富有理想的民族青年气概，这是民族永远需要的。

1941 年(45 岁)

在重庆《星期评论》周刊发表《论〈世说新语〉和晋人的美》，通过对晋人艺术和生活关系的考察，透彻地分析了中国人的美感和艺术精神的特性。后又在《学灯》上发表该文章的增订稿，增加了“晋人的道德观和礼法观”。

1942 年(46 岁)

3 月，在《学灯》上发表《读画感记——览周方白陈之佛两先生近作》，指出山水画为中国最高艺术心灵的寄托，而花鸟竹石尤为世界艺术之独绝。

8 月，在《学灯》上发表《清谈与析理》，对《论〈世说新语〉和晋人的美》中未谈及的晋人的清谈之风做了补充。同期还创作了《常人欣赏文艺的形式》，未发表，后收入《艺境》之中。

1943 年(47 岁)

1 月，在《中央日报 · 艺林》发表《中国艺术的写实精神》，提出一切艺术的境界，不外是写实、传神、造境：从自然的描摹、生命的传达到意境的创造。

在《时与潮文艺》创刊号上发表《中国艺术意境之诞生》，对中国的意境理论做出全面梳理。

1944 年(48 岁)

在《哲学评论》上发表《中国艺术意境之诞生》(增订稿)，对之前所撰文进行了修订和补充，并特别指出在新的局面即将打开之际，对旧文化的批判探讨，以“同情的了解”给予新的评价，是尤为重要的。

在重庆出版的《中国文学》发表《游东山寺二首有序》。

1945 年(49 岁)

在《大公报》(重庆)上发表《团山堡两日游》《与宣夫谈画》两篇文章。

年底,中央大学迁回南京,宗白华随迁,继续在该校任教。

1946 年(50 岁)

在《学灯》上分三次发表《论中西画法的渊源与基础》一文。从哲学基础、美学渊源、艺术特征等方面对中西绘画做出比较阐释。同期撰写了《中国文化的美丽精神往那里去?》一文,对中国文化精神的走向发出世纪之问。

1947 年(51 岁)

9 月,在上海出版的《观察》上发表《略论文艺与象征》,提出“最高的文艺表现,宁空无实,宁醉勿醒”的艺术观。

10 月,在《学识》上发表《艺术与中国社会》一文,指出礼乐是中国社会的两大支柱,“在中国文化里,从最底层的物质器皿,穿过礼乐生活,直达天地境界,是一片混然无间、灵肉不二的大和谐、大节奏”。

11 月,由正风出版社出版诗集《流云》。

1948 年(52 岁)

在上海《观察》上发表《略谈敦煌艺术的意义与价值》一文,指出中国艺术的三个方向和三种境界。

1949 年(53 岁)

中央大学改名为国立南京大学,宗白华继续担任哲学系教授。

在上海的《新中华》发表《中国诗画中所表现的空间意识》,对中西诗画的空间意识进行多方位比较。

撰写《张彦远及其〈历代名画记〉》,给予张彦远绘画以“树立了中国传统文化之最优美的范畴”的评价。

1951 年(55 岁)

在南京大学校刊《南大生活》上发表《从一首诗想起》。

1952 年(56 岁)

调入北京大学哲学系,与朱光潜、邓以蛰成为同事。

编写《近代思想史提纲》《中国近代思想史提纲》,前者论述马恩列斯思想以及近代各种思潮,后者则对近代中国思想界的发展及重要思想家进行了细致探讨,阐释了马克思主义对于近代中国的重大影响。

撰写《中国哲学史提纲》和《西洋哲学史》,前者着力以马克思主义观点分析中国哲学发展及哲学家思想,后者集中探讨了欧洲古代、中世纪和近代哲学。

1956 年(60 岁)

以札记形式撰著《中国古代画论大意》,探讨中国绘画的美学特征等问题。

翻译了柏立克的《海涅的生活与创作》,由新文艺出版社出版。

1957 年(61 岁)

2 月,译作《黑格尔的美学和普遍人性》(菲·巴生格著)发表在《学习译丛》上。

3 月,应《新建设》之邀,撰写《读〈论美〉后一些疑问》,批评高尔泰的"美在主观"的观点,认为美是主观的,也是客观的。

6 月,在《新建设》上发表《美从何处寻》,再一次说明美除了主观心理条件以外,还需要客观的物的方面的条件。

年底,翻译完温克尔曼的《论希腊雕塑》《赫尔苦勒斯残雕》《柏维德尔宫的阿波罗雕像》。

1958 年(62 岁)

翻译康德《判断力批判》(上卷)第一部分"美的分析论",发表于《文艺理论译丛》。

1959 年(63 岁)

《美学的散步》在《新建设》发表。

为纪念五四运动40周年,撰著《道家与古代时空意识》,指出"一守一游",是老庄空间意识的差异所在。

1960年(64岁)

北京大学哲学系美学教研室成立,宗白华担任美学教师,与朱光潜分别教授"中国美学史"和"西方美学史"的课程。

在《新建设》上发表《康德美学思想述评》一文。

1961年(65岁)

1月,参与《文学评论》组织的"关于文学上的共鸣问题和山水诗问题"的讨论,在该刊物上发表了《关于山水诗画的点滴感想》,运用马克思"人化自然"观点解释自然山水与山水诗画的关系。

5月,在《文艺报》上发表《中国艺术表现里的虚与实》,强调艺术美的创造在于虚与实的辩证统一。

8月,接受《光明日报》记者采访,呼吁中国美学研究打破成见,重视发掘古代艺术史资料,随后发表《漫谈中国美学》。

11月,在《光明日报》召开的"漫谈艺术形式美"座谈会上强调"形式美是一种创造"的美学观,随后发表《艺术形式美二题》。

12月,应中国音乐家协会的邀请,做了题为《中国古代的音乐寓言与音乐思想》的报告,后来整理成文章发表在《光明日报》上。

1962年(66岁)

为北京大学哲学系、中文系高年级学生开设"中国美学史"专题课,讲稿《中国美学史中重要问题的初步探索》由叶朗整理于1979年发表。

1963年(67岁)

《形与影——罗丹作品学习札记》在《光明日报》发表。

1964 年(68 岁)

译作康德的《判断力批判》(上卷),由商务印书馆出版。

1976 年(80 岁)

《歌德之认识》在台湾天文出版社出版。

1978 年(82 岁)

《忆悲鸿》一文刊《南艺学报》。

应周扬之邀,参加“郭沫若著作编辑出版委员会”成立大会,并任编委。

应邀担任《中国大百科全书》哲学编辑委员会顾问。

1979 年(83 岁)

《中国美学史中重要问题的初步探索》在《文艺论丛》发表,系统阐释了中国美学史的特点和学习方法。

撰写《少年中国学会回忆点滴》,发表在三联书店的《五四时期的社团》第一册。

1980 年(84 岁)

5 月,中华全国美学学会成立,宗白华当选第一届理事。

7 月,《中国书法里的美学思想》一文收入上海书画出版社出版的《现代书法论文集》。

10 月,译作《罗丹在谈话和信札中》在《文艺丛刊》发表。

12 月,译著《欧洲现代画派画论选》(瓦尔特·赫斯编著)由人民美术出版社出版。

1981 年(85 岁)

3 月,《关于美学研究的几点意见》在《文艺研究》发表。

5 月,《美学散步》由上海人民出版社出版。

8 月,《美学的散步》由台湾洪范书店出版,篇目与《美学散步》略有不同。

1982 年(86 岁)

闻笛、江溶选编的《宗白华美学文学译文选》由北京大学出版社出版。

1983 年(87 岁)

为江溶选编的《艺术欣赏指要》作序,题为《我和艺术》,后收入《艺境》。

1984 年(88 岁)

北京大学哲学系举办了"庆祝宗白华教授从事教学六十周年座谈会",宗白华指出:"研究美学和艺术的人要重视考古,我一直重视考古。中国地下宝贝那么多,中国美学和艺术研究希望最大。"

1985 年(89 岁)

9 月,译文《马克思美学思想里的两个重要问题》在内蒙古人民出版社《文艺美学》丛刊发表。

10 月,在北京大学校刊发表《中西戏剧比较及其他》。

1986 年(90 岁)

12 月 20 日,在北京大学医院去世,享年 90 岁。

(说明:本年谱的编写,主要依据《宗白华全集》(安徽教育出版社 1994 年版),以及附在全集后的、由林同华撰写的《宗白华生平及著述年表》。同时参考了王德胜著《宗白华评传》(商务印书馆 2001 年版)书后所附《宗白华年谱》。)

参考文献

一、重要参考文献

《宗白华全集》(四卷本),安徽教育出版社 1994 年第 1 版,1996 年第 2 次印刷。

林同华:《宗白华美学思想研究》,辽宁人民出版社 1987 年版。

邹士方、王德胜:《朱光潜宗白华论》,辽宁人民出版社 1987 年版。

邹士方:《宗白华评传》,香港新闻出版社 1989 年版。

刘小枫主编:《人类困境中的审美精神》,东方出版中心 1996 年版。

金开诚、王岳川主编:《中国书法文化大观》,北京大学出版社 1995 年版。

王岳川编:《宗白华学术文化随笔》,中国青年出版社 1986 年版。

刘小枫:《这一代人的怕和爱》,生活·读书·新知三联书店 1994 年版。

张辉:《审美现代性批判》,北京大学出版社 1999 年版。

王德胜:《宗白华评传》,商务印书馆 2001 年版。

胡继华:《文化幽怀与审美象征》,北京出版社 2005 年版。

萧湛:《生命·心灵·艺境——论宗白华生命美学之体系》,上海三联书店 2006 年版。

杨武能:《走进歌德》,河北人民出版社 1999 年版。

二、一般参考文献

程衡:《歌德的宇宙观和人生观》,南京中山书局 1933 年版。
朱光潜:《西方美学史》,人民文学出版社 1979 年版。
叶朗:《中国美学史大纲》,上海人民出版社 1985 年版。
马晓:《中西艺术的文化精神》,上海书画出版社 1993 年版。
李泽厚:《美的历程》,安徽教育出版社 1993 年版。
梁漱溟:《东西文化及其哲学》,商务印书馆 1994 年版。
张法:《中西绘画与文化精神》,北京大学出版社 1994 年版。
冯友兰:《中国哲学简史》,北京大学出版社 1996 年版。
[英]冈布里奇著,周彦译:《艺术与幻觉》,湖南人民出版社 1987 年版。
朱光潜:《朱光潜美学论文选集》第 1 卷,湖南人民出版社 1980 年版。

后　记

关注宗白华的学术思想由来已久。2000 年我开始攻读博士学位时，确定的论文题目就是“宗白华文艺美学思想研究”。该成果的第一版于 2004 年由韩国新星出版社出版，第二版于 2009 年由中国社会科学出版社出版。期间，又陆续在国内公开刊物发表了多篇研究文章，对宗白华思想的认识也经历了一个由浅入深的过程。

本书是对宗白华的学术和人生的评传性阐释，是在我多年的研究基础上撰写而成。正像歌德的一生与他的思想和创作分不开一样，宗白华的学术思想、活动，甚至他的“流云”小诗的创作也离不开他的人生经历，他的一生都是一个不断追求“艺术化的人生”和“人生的艺术化”的过程。因此，在写作中，我力图结合宗白华一生的经历来阐释他的学术思想。在章节的安排上，基本上是按照宗白华学术活动的先后顺序进行的，力图在时间的推进中阐释他的思想演变过程。在行文上也尽量避免纯学术化的表述和推理，而是在活泼的文字阐释中增加文章的趣味性和可读性。

每一次翻阅资料写作关于宗白华的研究文章时，我都会被他的人生和作品中流露出的思想光辉所深深感染。因此，整个写作过程虽然是艰辛的，却充满了愉悦。那是走进一个思想者心灵深处由情感共鸣所带来的愉悦，也是在繁琐而枯燥的工作之余从读书和写作中得来的愉悦。

最后，要特别感谢我的导师王岳川先生。如果没有他的指点和牵引，还有不时的“敲打”，我早已在学术的道路上迷失了方向。也要感谢本书的责任编辑张向奎老师，多次通电话、发邮件商讨书稿修改事宜，并且在编辑加工过程中，发现了留存的错别字和部分知识性错误，其敬业精神令人感动。

云慧霞

2015 年 7 月 10 日于北京